Impressum

Die Rechte der hier veröffentlichten Texte
liegen bei den Autorinnen und Autoren.

Lektorat:
Ursula Breidbach
Monika Hebbinghaus

Übersetzungen:
Reyhan Reyhani (Persisch)
Mustafa Al-Slaiman (Arabisch)
Lena Preuss (Ukrainisch/Russisch)
Recai Hallaç (Türkisch)
Monika Hebbinghaus (Englisch)

Gestaltung:
www.dagmarpuzberg.de

Druck: Tredition
ISBN 978-3-38452-023-4
1. Auflage 2025

Herausgegeben vom Bereich Presse- und Öffentlichkeitsarbeit
des Landesamtes für Flüchtlingsangelegenheiten Berlin,
Monika Hebbinghaus
in Kooperation mit dem
Willkommensbündnis für geflüchtete Menschen in
Steglitz-Zehlendorf
Ursula Breidbach

Heimat suchen, Heimat finden
Geflüchtete Menschen erzählen

Monika Hebbinghaus

Vorwort

Das Wort „Heimat" ist zunächst einmal verdächtig. Im Zuge seiner langen Begriffsgeschichte wurde es im Dienst hoher Ideale verkitscht oder für menschenfeindliche Ideologien instrumentalisiert – den einen sollte es Zugehörigkeit vermitteln, den anderen zeigen: ihr gehört nicht dazu. Die Frage lautete: Wer gehört zu „unserer Heimat" und wer muss draußen bleiben? Je mehr sich im Zuge der Moderne die Bedeutung einer geografisch definierten Zugehörigkeit auflöste – durch eine immer mobiler und durchlässiger werdende Gesellschaft, durch Bildung und Chancen, die in den Städten gesucht wurden – umso mehr wurde der Begriff Heimat einerseits zum rechten Kampfbegriff – was sich etwa in Gruppennamen wie „Heimatschutz-Truppe" ausdrückt – andererseits wurde der Begriff fluide und flüchtig. Heimat wird zur Sehnsucht nach etwas unwiederbringlich Verlorenem, was sich immer entzieht – doch gleichzeitig öffnet sich der Begriff und wird dynamisch und inklusiver. Heimat wird zur selbst empfundenen „Zugehörigkeit" – zum „Ort des Seins", wie es Shekib Ansari in seinem Essay formuliert. In dieser Offenheit wird Heimat zu etwas, das jeder an jedem Ort anstreben kann – das Gefühl von Ankommen in seinem eigentlichen Leben, das Gefühl von Schutz und Sicherheit, von Entwicklungsmöglichkeit, von So-sein-können, wie man ist.

In Rahmen eines Schreibwettbewerbs hat das Landesamt für Flüchtlingsangelegenheiten geflüchteten Menschen die Frage gestellt, was Heimat für sie bedeutet. Antworten kamen in Form von mehr als hundert eingereichten Texten, die besten Einsendungen haben wir in der vorliegenden Anthologie zusammengestellt: von der dramatischen autobiografischen Fluchterzählung über das philosophische Essay bis zur absurd-grotesken Kurzgeschichte. Den Menschen, deren Geschichten hier versammelt sind, wurde Zugehörigkeit in ihren früheren Heimaten verwehrt. Sei es, weil Krieg ein Leben in Sicherheit zerstörte, weil Frauen die freie Entfaltung verwehrt wurde, weil Autoren das freie Wort verboten war oder weil es für Angehörige diskriminierter Gruppe keine Chance auf eine selbstbestimme Zukunft oder gar ein Leben in Freiheit gab. In ihren Geschichten finden sich viele Antworten auf die Frage nach der Heimat: Der Mutterleib – in diese Sinne sind wir alle Vertriebene. Die Liebe zu einem anderen Menschen – oder die Menschlichkeit überhaupt. Das vertraute Essen, das die verlorene Heimat in einem Moment sinnlicher Erfahrung zurückbringt. Die ersehnte Wohnung, die Schutz und Privatsphäre bietet. Asya Aldiri bringt es in ihrem Text so auf den Punkt: „Ich habe gelernt, dass Heimat kein Ort, sondern ein Zustand ist – ein Gefühl, als Mensch anerkannt zu werden, das Recht zu haben, zu sprechen und gehört zu werden. Es ist das Bewusstsein, dass meine Geschichte, mein Schmerz und mein Verlust Teil von etwas Größerem sind."

Die hier versammelten Texte bilden ein breites Spektrum an Erfahrungen, Erinnerungen, Hoffnungen und Träumen ab. Wie stets beim autobiografischen Erzählen verschmelzen das Erlebte und das Erinnerte mit fiktionalen Elementen, und auch die subjektive Wahrnehmung und die Gefühle der Erzählerinnen und Erzähler fließen stets mit ein. Die hier veröffentlichten Texte erheben daher nicht den Anspruch, Tatsachenberichte zu sein, sondern sind dem Bereich der Literatur zuzuordnen.

Wir danken der privaten Spenderin, die uns in ihrem Testament bedacht und dieses Projekt somit erst möglich gemacht hat.

Monika Hebbinghaus
Projektleitung „Heimat suchen, Heimat finden"
Presse- und Öffentlichkeitsarbeit LAF

Inhaltsverzeichnis

Sofiia Myschko
Mohamad Ahmed
Faiamann
Mahsa Rahimi
Rana Faizi
Rahaf Namous

Sofiia Myschko

Erinnerung an den Krieg

Hallo. Mein Name ist Sofia. Ich komme aus der Ukraine. Gestern bin ich zwölf Jahre alt geworden. Als ich neun war, kam ich mit meiner Mutter nach Berlin, aber ohne irgendwelche Habseligkeiten oder gar Dokumente. Das letzte, woran ich mich in der Ukraine erinnere, ist der graue, kalte Keller meiner Schule. Mein Bauchnabel war geschwärzt. Denn wir hatten keinen Platz, um uns hinzulegen. Es war so eng, dass wir die ganze Zeit nur saßen. Wir waren etwa 200 Leute in dem Keller. Großeltern, Mütter, Väter, Teenager und sogar Babys. Sie weinten die ganze Zeit. Ich glaube, sie wollten die Sonne sehen, genau wie ich. Aber wir saßen die ganze Zeit im Keller, weil wir ständig beschossen wurden. Denn die Feinde meines Vaters, das russische Militär, versuchten, mit Panzern, Flugzeugen und anderem militärischen Gerät in unsere Stadt einzudringen.

Ich konnte nicht auf die Toilette gehen, wir hatten hohe Eimer und es stank. Außerdem gingen mehrere Leute gleichzeitig. In den letzten Wochen hatten wir kein Wasser, keinen Strom und fast keine Lebensmittel zu Hause. Meine Mutter hatte nur Nüsse und Honig. Sie machte daraus Bonbons und gab sie mir zu essen, wobei sie mich bat, langsam zu essen, den Klumpen mit dem Speichel zu vermischen und nicht zu kauen, damit wir in der besetzten Stadt länger überleben würden, sagte sie.

Am 24. Februar 2022 stiegen wir in den Keller hinab. Da wurde mir klar, dass ich nie wieder die Sonne, den Himmel oder meinen Vater sehen würde. Das heißt, irgendwann schon, aber es würde nicht so bald sein. Mein Vater ist Soldat, er ist seit 2019 im Krieg. Und der Krieg in der Ukraine, hat mir meine Mutter erzählt, begann schon 2014. Damals war ich noch klein, erst ein Jahr alt. Dann hat Russland unser Schwarzes Meer von der Krim aus eingenommen. Wie oft warst du schon am Meer? Ich war dort einmal in zwölf Jahren. Aber wieder ohne meinen Vater. Er ist 2019 zur Armee gegangen. Ich habe ihn an meinem neunten Geburtstag im Dezember 2021 gesehen. Da hat er mir einen großen gelben Bären mitgebracht.

Während des Krieges war es sehr beängstigend. Eines Tages ging meine Mutter aus dem Keller zu einem Auto, das frisches Brot verkaufte. Wir hatten zu Hause schon nichts mehr zu essen, und in den großen Supermärkten gab es auch nichts mehr. Also rief ich sie an, weil sie schon so lange weg war. Meine Mutter schimpfte, weil ich Akku verschwendet hatte, denn ich wollte nur wissen, ob es ihr gut geht. Sie hatte eine Stunde und 42 Minuten in der Schlange für Brot angestanden, und ich rief sie an, weil ich die ganze Zeit Schüsse aus der Ritze im Keller hören konnte. Ich hatte einfach Angst, dass eine der Minen oder Bomben sie treffen würde und ich allein auf der Welt zurückbleibe.

Und ich werde Ihnen auch erzählen, wie ich am fünften Tag des Krieges meine Mutter überredete, nach Hause auf die Toilette zu gehen. Fünf Tage lang hatte ich mein großes Geschäft nicht gemacht. Entschuldigen Sie solche Details, aber meine Mutter sagt, es sei wichtig, sich daran zu erinnern. Unser Haus ist nur fünf Minuten zu Fuß von unserem Keller entfernt, wir mussten nur die Straße überqueren. Auf dem Rückweg hörten wir ein Pfeifen, dann gab es viel schwarzen Rauch, es war eine Bombe. Sie hat unseren Supermarkt getroffen. Er brannte bis in die Nacht.

Es war schwer zu atmen, also legten meine Mutter und ich uns auf den Bürgersteig, sie befahl mir, die Ohren zuzuhalten und die Zunge herauszustrecken … Wenig später fing sie an, alles mit ihrem Handy zu filmen. Sie ist die Journalistin in meiner Familie. Mit der anderen Hand zog sie mich am Arm, und wir rannten zurück in den Keller. Sie schaltete die Kamera aus, versteckte das Handy in der Tasche ihrer alten blauen Lieblingsdaunenjacke und sagte mir, ich solle das Vaterunser laut aufsagen. Meine Mutter hat es mir beigebracht, sobald ich sprechen konnte. Mit jedem Gebet ließ die Angst langsam nach. Ich schlief im Keller ein. Meine Mutter verbrachte die ganze Nacht damit, Berichte an internationale Medien zu schicken.

Wir fanden ein kleines, altes Auto für uns. Wir brachten noch eine andere Mutter und ihre beiden Töchter im Alter von sieben und zehn Jahren aus dem Keller zu diesem halb verrosteten Auto. Die Mutter sagte uns, wir sollten für die Evakuierung packen. Es war das erste Mal, dass ich dieses Wort hörte, aber ich fragte nicht, was es bedeutete, weil ich sie nicht wütend machen wollte. Vor allem, weil sie immer noch auf uns schossen.

Unser Haus in der Dotsenko-Straße 25 war bereits dreimal von Raketen getroffen worden, im fünften Stock und im dritten Stock waren die Treffer wie mit der Nadel durch eine Plane gestochen. Wir wohnten im ersten Stock. Meine Mutter und ich klebten die Fenster ab, und sie blieben heil, aber die Fotos fielen von den Wänden auf den Boden, das Glas war überall. „Was soll ich mitnehmen?" fragte ich meine Mutter. „Ich weiß nicht", antwortete sie, „machen wir es wie am Meer – ein Hemd zum Schlafen, saubere Unterwäsche, einen Pullover und Wertsachen." Das Wertvollste für mich war der Bär, den mir mein Vater geschenkt hatte. Meine Mutter erlaubte mir nicht, ihn mit in den Keller zu nehmen, er würde schmutzig werden, aber ich konnte ihn zur Evakuierung mitnehmen. Es gab eine Explosion, wir fielen zurück auf den Boden, streckten die Zunge heraus, hielten uns die Ohren zu, und meine Mutter sagte, das seien Empfehlungen der Rettungsdienste, um Quetschungen zu vermeiden.

Drei Tage später landeten wir mit dem Zug in Berlin. Unser Auto hatte in Warschau eine Panne. Oh, und als wir von Tschernihiw über Brovary nach Kiew fuhren, sahen wir ein brennendes, abgeschossenes Flugzeug und viele ausgebrannte Autos von Menschen, die wie wir auf der Flucht waren. An einem der Kontrollpunkte wurde auch geschossen, aber zum Glück wurden wir nicht getroffen. In Berlin merkte ich, dass ich den Bären meines Vaters nicht mehr hatte. Aber als ich in die Kinderecke am Hauptbahnhof spielen ging, gab es dort einen Bären, der genauso aussah wie meiner, nur etwas kleiner, wahrscheinlich sein Enkel oder Sohn.

Wir leben nun schon seit fast drei Jahren hier. Meine Mutter arbeitet als Journalistin, und ich gehe zur Schule. Ich muss gestehen, dass in Berlin alle Wochentage für mich gleich sind, bis auf den Sonntag, den freien Tag. Weil man sich jederzeit Süßigkeiten leisten kann, für die wir früher nicht genug Geld hatten, weil es im Winter Bratäpfel mit Schokolade gibt, weil meine Mutter und ich ans Meer gefahren sind, obwohl es kalt war und wir nicht schwimmen konnten, aber die Möwen waren sehr nett. Weil es Klassenfahrten und Sommerlager gab und abends Licht auf der Straße und keinen Stromausfall.

Weil es ruhig war, weil es Feuerwerk gab, und keinen Regen aus Raketen.

Übersetzung aus dem Ukrainischen von Lena Preuss

Sofiia Myschko,
Jahrgang 2012, wurde in der Ukraine geboren. Sie lebt
mit ihrer Mutter in Berlin, wo sie eine Grundschule
besucht. Ihre Lieblingsfächer sind Sport, NaWi und
sogar Deutsch. In ihrer Freizeit tanzt sie gern, besucht
Theaterkurse und trifft sich mit ihren Freundinnen.

Mohamad Ahmed

Ist Heimat ein Ort oder ein Gefühl?

Seit 2015 lebe ich in Deutschland, das ist mehr als die Hälfte meines Lebens, und trotzdem fühle ich mich immer noch heimatlos. Muss ich jetzt den Glauben daran verlieren, jemals eine Heimat zu finden? Gibt es einen Ort, der auf mich wartet, um als Erinnerung bei mir zu bleiben?

In meiner Erinnerung ist es Aleppo. Die zweitgrößte Stadt nach der Hauptstadt Damaskus. Sie war sehr arm, aber voller Emotionen und Hoffnung. Die Straßen waren jeden Tag von Lärm erfüllt. Sei es vom Fleischverkäufer auf dem Markt, der mit kräftiger Stimme versucht, die ganze Stadt zu erreichen, oder den hupenden Autos.

Ich war sieben Jahre alt, als ich das letzte Mal mit der ganzen Familie im Sitzen auf dem Boden gegessen habe. Das riesengroße Frühstück am Morgen, mit würzigen Oliven, süßen Datteln und feinem schwarzen Tee war für mich mehr als nur eine Mahlzeit. Jedes gemeinsame Frühstück war ein zeitloser Moment, in dem wir unsere Dankbarkeit teilten. Einmal im Monat trafen sich viele aus der Umgebung und haben gemeinsam draußen gegessen. Jeder brachte etwas mit und man unterhielt sich beim Essen. Es entstand eine angenehme Atmosphäre, bei der sich mit der Zeit mehr und mehr Menschen versammelten. Drumherum spielten die Kinder. Noch schöner war es an Ramadan. Man wartete, bis man das Fasten brechen konnte, und bis dahin kochte man so viel es nur ging. In der ganzen Stadt haben Familien zusammen den Tag bis zum Ende gemeinsam verbracht. Das Zusammenkommen, bei dem wir viel gelacht haben, die Kinder Blödsinn machten und man gesungen hat – das vermisse ich!

Ich war sieben Jahre alt, als ich das letzte Mal mit einem kaputten Fußball im Dorf gespielt habe. Das Dorf war umgeben von einer unendlich weiten

Landschaft, die einem das Gefühl von Vertrautheit gab. Die Kinder spielten fröhlich miteinander und jagten jeden Morgen zum Spaß den Hühnern hinterher. In meinem Dorf gab es viele Hühner, Schafe, Ziegen und einige Hunde, die wir oft geärgert haben. Die Hunde waren freilaufend und gehörten niemandem. Mit denen war nicht zu spaßen. Man musste echt aufpassen und ihnen aus dem Weg gehen, weil sie gefährlich werden konnten.

Ich war sieben Jahre alt, als ich das letzte Mal von der Mittagshitze so erschlagen war, dass ich mich unter einen Baum in der Nähe unseres Hauses setzen musste. Nachdenklich saß ich dort und brach einen kleinen Stock immer wieder und wieder bis er zu klein war, um ihn zu zerbrechen. Mittags war es sehr still. Man ging nicht ins Freie, weil es zu heiß war. Die Erwachsenen machten einen Mittagsschlaf und für uns Kinder wurde es langweilig. Abends brach wie morgens wieder Trubel aus.

Doch diese Erfahrungen bleiben ab 2015 nur als Erinnerungen. Krieg. Umziehen, bei Fremden wohnen, Flugzeuge am Himmel, die Bomben werfen. Mein Vater wurde entführt und ist nie mehr aufgetaucht, meine kleine Schwester wurde erschossen. Die sorgenfreien arabischen Nächte sind schnell verschwunden. Ängste kamen und sind geblieben. Die wundervollen Zeiten als kleiner Junge werden sich nicht wiederholen. Das war allen in der Familie klar. Meine Mutter, meine ältere Schwester, mein Bruder und ich mussten das Land verlassen, um am Leben zu bleiben.

Endpunkt der Flucht meiner Familie war 2015 ein ehemaliges Hotel in Berlin, das als Notunterkunft eingerichtet war. Über hundert andere Kinder waren da, wir haben gemeinsam einige Abenteuer erlebt. Das erste Mal mit einem Fahrstuhl in den 10. Stock, Hochhäuser und U-Bahn, Skateboard fahren in der Tiefgarage, unbekanntes Essen und deutsche Sprache. Ich entdeckte eine neue Welt. Große Neugier, aber auch Angst vor schlagenden Lehrern in der Schule wie in Syrien, alles war für mich sehr aufregend. Drei Jahre später dann endlich eine kleine Wohnung nur für uns. Wir drei Kinder mit unserer Mutter auf 65 Quadratmetern. Angekommen?!

Inzwischen bin in der 10. Klasse mit sehr guten Noten in fast allen Fächern. Ich will mein Abitur machen und dann studieren. Mein Ziel ist ein spannender Beruf, bei dem ich auch viel Geld verdiene. Ich habe angefangen, meine

Muttersprache lesen und schreiben zu lernen und die B1-Sprachprüfung abgelegt. Mit den Kenntnissen der arabischen, deutschen und englischen Sprache möchte ich beruflich im arabischen Raum tätig sein, eigentlich eine gute Mischung, oder? Wir sprechen in Berlin zuhause einen Mix aus Kurdisch, Arabisch und Deutsch. Mein Arabisch ist ziemlich schlecht. Mein Deutsch hingegen viel besser. Merkwürdig, oder? Jeder kommuniziert in der Sprache, in der er sich wohl fühlt. Von meinen arabischen Freunden werde ich als Deutscher gesehen und von den deutschen Freunden als Syrer. Manchmal fühle ich mich sehr zerrissen zwischen all dem.

Die Werte von Freiheit, Gerechtigkeit und Demokratie beeindruckten mich so, dass ich vergessen hatte, woher ich komme und wer ich bin. Der Schreibwettbewerb brachte mich dazu, mich mit meiner Herkunft und Identität zu beschäftigen. Vor einigen Jahren hatte ich noch den Gedanken, meinen Vornamen zu wechseln, zu einem mehr deutsch klingenden Vornamen. Weil ich Angst hatte, diskriminiert zu werden. Doch jetzt weiß ich, dass ich Mohamad genannt werden möchte. Durch die intensive Beschäftigung mit meiner Muttersprache kamen auch die arabischen Träume zurück, die mich dazu brachten, mich auf die Suche nach meinen Wurzeln zu machen.

Dem islamischen Glauben bin ich in Syrien viel nachgegangen. Mit meinem älteren Bruder und dem Vater ging ich in die Moschee. Beten, ob vor dem Essen oder die alltäglichen Gebete, hatte eine hohe Priorität. Zusammen sprachen wir über die Welt, über die Familie und den Glauben. Der Glaube war für meinen Bruder ein Anker, an dem er sich immer wiederfinden konnte. Doch während andere Syrer auf der Suche nach Heimat ihre Religion in ihrem neuen Zuhause intensiver ausüben, spielt er für mich zurzeit keine Rolle, obwohl ich mit dem Glauben aufgewachsen bin.

In mir entwickelte sich eine schwer zu beschreibende Identität. Sie formt sich aus den Trümmern schöner Erfahrungen der Vergangenheit und den Träumen von Morgen. Auf der Suche nach meiner Herkunft wurde mir eins klar: Ich werde nie nur eines sein. Die Bräuche der arabischen Welt werden immer in mir sein. Kann man sich seine Heimat aussuchen oder ist die Heimat durch die Geburt vorherbestimmt? Die Frage, wo man beerdigt werden möchte, ist das der entscheidende Hinweis?

Bis vor zwei Wochen glaubte ich, Syrien wäre nur eine Erinnerung und ich müsste das Kapitel vergessen. Der Sturz der Diktatur gibt mir nun Hoffnung auf einen Wiederaufbau Syriens ohne Unterdrückung und mehr Zusammenhalt in der Gesellschaft. Der Glaube, Aleppo sei mein Zuhause und wäre immer noch so da wie damals, ist eine Illusion. Denn es besteht nur noch aus verlassenen Trümmern. Von unseren Freunden und Nachbarn wissen wir nicht, was mit ihnen heute ist. Unsere Verwandten aus Syrien sind in unterschiedliche Länder und Städte gezogen. So wie es damals in Syrien vor 2015 war, wird es nie wieder sein.

Mohamad Ahmed,
Jahrgang 2007, wurde in Syrien geboren. Im Winter
2015 floh er mit seiner Familie von Aleppo nach
Deutschland und lebt nun in Berlin. Zurzeit besucht
er die 10. Klasse und plant danach die Oberstufe zu
besuchen. In seiner Freizeit spielt er gern Klavier und
Schach.

Faiamann

Es war einmal, da lebte ich in einem Land ...

Es war einmal, da lebte ich in einem Land mit hohen Bergen und ruhigen Flüssen. Afghanistan, wo einst Frieden herrschte, wurde zu einem Ort, wo die Freiheit keine Bedeutung mehr hat. Der Sturz hat alles verändert. Die Taliban kamen und die Welt wurde für uns dunkel, besonders für Frauen. Wäre ich dort geblieben, wäre ich wie ein Vogel im Käfig. Ohne Recht auf Bildung, ohne Freiheit und ohne eine bessere Zukunft.
Ich komme aus einer großen Familie, ich habe sieben Brüder und Schwestern. In unserem Haus wurde immer viel gelacht, doch an dem Tag, als ich beschloss, meine Heimat zu verlassen, wich das Lachen Tränen und Traurigkeit. Ich werde diesen Tag nie vergessen. Meine Mutter saß in einer Ecke und Tränen strömten ihr still über die Wangen. Es war, als hätte ich ihr Herz mitgenommen. Mein Vater nahm mit traurigen Augen meine Hand und sagte: „Geh, mein Sohn, bau dir eine Zukunft auf und vergiss uns nicht."
Mein älterer Bruder, der selbst nicht mitkommen konnte, begleitete mich bis in den Iran. Er lieh mir Geld, damit ich eine Reise voller Gefahren und Hoffnung antreten konnte. In diesem Moment versprach ich mir, ich würde ihm eines Tages helfen und wir würden wieder zusammen sein.

Der Weg war schwieriger als ich gedacht hatte. Ich ging vom Iran in die Türkei, wo ich monatelang wartete und in Stille über meine Zukunft nachdachte. Ich bekam Hilfe von den Schmugglern. Nachts wanderten wir mit einer Gruppe meiner Landsleute durch die kalten, dunklen Wälder. Jedes Geräusch eines Tieres oder ein kleines Licht in der Ferne ließ uns zusammenzucken. Ich verletzte mich an dornigem Gestrüpp, doch die Wunde, die am meisten schmerzte, war die Trennung von meiner Familie.
In Griechenland erwarteten mich noch härtere Tage. Wir versteckten uns in überdachten Lastwagen, wo ich kaum atmen konnte. Manchmal blieb ich stundenlang regungslos liegen und fragte mich nur, ob ich mein Ziel noch

lebend erreichen würde oder nicht. Endlich, nach Monaten des Reisens und unerträglicher Strapazen, kam ich in Deutschland an. Ein Ort, von dem es hieß, es sei das Land der unbegrenzten Möglichkeiten.

Hier fühle ich mich sicher. Der Zugang zu Schule, zum Arzt und allem Lebensnotwendigen ist leicht – was für mich in Afghanistan unmöglich gewesen wäre. Hier ging ich wieder zur Schule und begann zu lernen. Jeden Tag strebe ich danach, meinen Träumen näher zu kommen und die Zukunft zu schaffen, die ich verdiene. Aber das Leben ist nicht einfach. Einsamkeit, Stress und die Trennung von meiner Familie machen mir immer noch zu schaffen. Manchmal erinnere ich mich in der Stille der Nacht an Afghanistan. Ich erinnere mich an den Geruch des frisch gebackenen Brots meiner Mutter, an den Tisch, um den wir uns versammelten, und an die Berge, in die wir zum Spaß mit unseren Freunden fuhren.

Allerdings habe ich auch hier schöne Erinnerungen gesammelt. Ich habe Freunde gefunden, die mir in schwierigen Zeiten zur Seite stehen. Wir feiern, sitzen herum und reden über das Leben. Die Treffen, zu denen meine Freunde mich einladen, erinnern mich an die Tage, als ich mit meiner Familie glücklich war.
Ich fühle mich in Deutschland zu Hause, es ist meine zweite Heimat geworden. Ein Ort, an dem ich neue Hoffnung gefunden habe. Aber ich träume immer noch davon, meine Familie eines Tages nach Hause zu holen. Ich möchte meinen älteren Bruder, der sich für mich geopfert hat, eines Tages hierher einladen. Ich möchte meine Mutter glücklich machen und sagen: „Mach dir keine Sorgen, Mama, die schweren Zeiten sind vorbei."
Mein Leben ist wie ein Märchen, dessen Ende ich noch nicht kenne. Ich kam aus der Dunkelheit ins Licht und werde hier in Deutschland eine Zukunft aufbauen. Für mich selbst, für meine Familie und für mein Land.

Faiamann,
Jahrgang 2006, wurde in Afghanistan geboren und lebt seit zwei Jahren in Berlin. Er besucht zurzeit eine Klasse zur integrierten Berufsausbildungsvorbereitung (IBA) und möchte danach seine Schulbildung fortsetzen.

Mahsa Rahimi

Lebenslinien

Es war ein langer und dunkler Weg, eine Reise voller Entbehrungen, Hoffnung und der ständigen Sehnsucht nach einem Ort, der wirklich „Heimat" sein könnte. Ich habe die Bilder, die Stimmen und die Gefühle tief in mir aufbewahrt, doch mit jedem Jahr in Deutschland verblassen sie ein wenig mehr. Das ist wohl die Natur der Dinge – die Zukunft überschreibt die Vergangenheit, und doch bleibt sie immer ein Teil von uns. Meine Geschichte beginnt in einem Land, das mir fremd ist und dennoch so eng mit meiner Familie verwoben:
Afghanistan.
Meine Eltern flohen aus Afghanistan, lange bevor ich geboren wurde. Der Krieg und die ständige Bedrohung ließen ihnen keine Wahl. Sie mussten alles zurücklassen, um einen Ort zu finden, an dem ihre Kinder in Frieden aufwachsen könnten. Dieser Ort wurde für sie der Iran. Dort kam ich zur Welt, genauso wie meine beiden älteren Schwestern. Der Iran war mein Zuhause, und doch war es niemals meine Heimat. Wir waren nur Flüchtlinge, Menschen am Rande der Gesellschaft, die in ständiger Unsicherheit lebten. Das Leben im Iran war schwer. Als Flüchtlinge hatten wir wenig Rechte. Meine Eltern arbeiteten hart, mein Vater als Bauarbeiter und meine Mutter als Nachhilfelehrerin, um uns ein Leben zu ermöglichen, aber das Geld reichte nie. Für alles mussten wir bezahlen, selbst für die Schule. Bildung war für mich und meine Schwestern das Tor zu einer besseren Zukunft, aber oft war es ungewiss, ob wir uns die nächsten Monate Schulgebühren leisten könnten. Es gab keine Zukunft für uns im Iran. Meine Eltern wussten, dass wir auf ewig in der Dunkelheit leben würden, ohne die Möglichkeit, jemals unsere Träume zu verwirklichen. Ich war erst sieben Jahre alt, doch ich erinnere mich genau an den Tag, an dem sie uns sagten, dass wir fortgehen würden – dass wir

Deutschland erreichen wollten, ein Land, das sie als sicher und freundlich beschrieben hatten. Für mich war das Wort „Deutschland" geheimnisvoll, ein Ort, den ich mir nicht vorstellen konnte, aber von dem ich doch hoffte, dass er uns das geben würde, was uns bisher immer verwehrt geblieben war: Freiheit und die Chance, ein Zuhause zu finden.

Die Tage vor unserer Abreise waren hektisch. Wir mussten alles in wenige Taschen packen und uns von den Menschen verabschieden, die uns am meisten bedeuteten. In der Dunkelheit wurden wir von Schmugglern abgeholt. Sie fuhren uns in die Berge. Nach vielen Stunden kamen wir an einer kleinen Hütte an, wo wir für einige Stunden schlafen konnten. Um vier Uhr morgens wurden wir geweckt, und die Schmuggler sagten uns, dass wir die Berge überqueren mussten. Der Weg war lang und beschwerlich, und als Kind konnte ich kaum begreifen, wie viel Kraft es kostete, Stunde um Stunde weiterzuwandern. Meine Beine schmerzten, und doch durfte ich mich nicht beschweren – ich wusste, wir hatten keine andere Wahl. Irgendwann sahen wir vor uns die Grenze zur Türkei. Es war ein kleiner, unscheinbarer Streifen Land, doch für uns bedeutete er den Übergang in eine neue Welt. Wir schafften es über die Grenze, doch kurz darauf wurden wir von türkischen Soldaten entdeckt und festgenommen. Zwei Wochen wurden wir in einer Unterkunft untergebracht und bewacht. Die Soldaten waren freundlich zu uns, doch nachts hörten wir Schüsse in der Nähe, ein schreckliches Geräusch, das mich oft aus dem Schlaf riss. Nach zwei Wochen verlangten die Soldaten Geld, um uns zurück zu den Schmugglern zu bringen, die uns weiter nach Europa bringen würden, und so konnten wir schließlich unsere Reise fortsetzen.

Auf unserem langen und gefährlichen Weg nach Europa gab es viele Situationen, in denen wir nicht wussten, ob wir die nächste Stunde überstehen würden. Eine brannte sich tief in mein Gedächtnis ein: die Überquerung des Schwarzen Meeres in einem Schlauchboot.
Es war früh am Morgen, als wir von den Schmugglern geweckt wurden. In der Dunkelheit sah ich nur die Umrisse der Menschen um mich herum – Fremde, die wie wir die Hoffnung auf ein neues Leben in sich trugen. Als wir zum Boot kamen, sahen wir, dass es viel zu klein war. Es gab dort kaum Platz, doch die Schmuggler drängten uns mit Gewalt hinein. Mit gezückter Waffe ließen sie keinen Zweifel daran, dass wir alle einsteigen mussten, ob wir

wollten oder nicht. Es waren etwa 80 Menschen auf dem Boot, sie saßen so eng gedrängt, dass kaum noch Platz zum Atmen blieb. Ich erinnere mich, wie ich unter einigen Personen eingeklemmt war und für einen Moment das Gefühl hatte, ich müsste ersticken. Ich kämpfte mich unter ihnen hervor und schnappte nach Luft. Wir fuhren hinaus, immer weiter, bis das Land hinter uns nur noch ein dunkler Schatten war. Irgendwann begann der kleine Motor zu stottern und blieb schließlich ganz stehen. Wir waren mitten auf dem Meer gestrandet, um uns herum nur die endlose Dunkelheit und die kalte Weite des Wassers. Die Stunden vergingen. Plötzlich sahen wir ein Fischerboot in der Ferne. Als es näherkam, riefen wir alle um Hilfe. Schließlich entdeckte uns der Fischer. Er warf ein dickes Seil zu uns hinüber, das wir ergriffen und festhielten. Langsam zog er unser Schlauchboot in Richtung Strand zurück. Der Fischer hat uns das Leben gerettet, und dafür waren wir ihm für immer dankbar. An diesem Tag erkannte ich, dass in der größten Verzweiflung manchmal ein kleiner Funke Hoffnung auftauchen kann, unerwartet und lebensrettend. Der Fischer zeigte mir, dass es immer Menschen gibt, die uns helfen, selbst wenn sie uns nicht kennen und uns nichts schulden. Unsere Reise ging weiter, doch es waren Momente wie diese, die mich stärkten, die mir zeigten, dass Heimat vielleicht etwas ist, das wir in uns tragen. Deutschland würde später unser Ziel sein, das Land, das uns Schutz und Zukunft bieten sollte. An diesem Tag begriff ich, dass Heimat auch in der Menschlichkeit anderer liegt – in der Hand, die uns aus der Dunkelheit zieht, in den kleinen Gesten, die uns erinnern, dass wir nicht allein sind.

Unsere Reise führte uns durch so viele Länder: Griechenland, Mazedonien, Bulgarien, Serbien, Kroatien, Slowenien und schließlich Österreich. Jeder Tag war ein Kampf. Die Menschen waren unterschiedlich – einige halfen uns, andere sahen uns mit Misstrauen an. Ich verstand, dass wir in den Augen vieler nur Fremde waren, Menschen ohne Heimat, die umherirrten und nach etwas suchten, das sie nie finden würden. Ich lernte, dass „Heimat" mehr ist als ein Ort. Es ist das Gefühl von Sicherheit und Zusammenhalt, das ich mit meiner Familie teilte, egal wie schwer die Umstände waren. In den härtesten Momenten spürte ich, dass wir zusammen stark waren, dass wir uns gegenseitig hatten. Nach vielen Wochen voller Erschöpfung erreichten wir Deutschland. Es war wie ein Traum, ein Land, das ich mir immer nur als weit entfernt vorgestellt hatte. Wir wurden in einem Flüchtlingslager aufgenommen und verbrachten die ersten Monate damit, die Sprache zu lernen. Deutschland war anders – sicher, organisiert und voller Möglichkeiten. Doch es war auch fremd und oft einsam. Es dauerte lange, bis wir uns wirklich als Teil dieser Gesellschaft fühlten.

Heute, viele Jahre später, denke ich oft an diese Reise zurück, an die Schmerzen und die Hoffnung. Deutschland ist jetzt mein Zuhause, ein Ort, an dem ich Frieden gefunden habe. Doch die Sehnsucht nach Heimat ist mehr als nur ein Land – es ist das Streben nach Zugehörigkeit, nach einem Platz, an dem ich akzeptiert werde und frei leben kann. Deutschland hat uns diesen Platz gegeben, und dafür bin ich dankbar. Aber in meinem Herzen trage ich auch das Erbe meiner Familie, die Erinnerungen an Afghanistan, an den Iran und die lange Reise. Heimat ist für mich kein einzelner Ort, sondern die vielen Geschichten, die mich zu dem Menschen gemacht haben, der ich heute bin.

Mahsa Rahimi,
Jahrgang 2007, wurde im Iran geboren. Heute lebt sie
mit ihrer Familie in Berlin, wo sie ein Gymnasium
besucht.

Rana Faizi

Zadgah – Der Ort, an dem sich mein Herz befindet

Heimat ist mehr als nur ein Ort; es ist das Gefühl, dass das Herz Frieden findet. Diese Worte umgeben mich wie ein zarter Schleier, während ich durch die pulsierenden Straßen von Berlin schlendere. Die Stadt lebt und atmet, ihre Lichter strahlen wie ferne Sterne, die mir den Weg leuchten. Doch trotz all dieser Helligkeit fühle ich mich oft verloren, wie ein Blatt, das von einem unbekannten Wind durch die Straßen geweht wird. In den ruhigen Augenblicken, wenn das Geplätscher der Menschen verstummt und die Stadt in einen sanften Schlaf sinkt, wird mir der innere Konflikt schmerzhaft bewusst: Mein Herz hängt an der Vergangenheit, während meine Füße in die ungewisse Zukunft tappen.

In meiner Muttersprache Dari bedeutet *Zadgah* „Heimat". Es setzt sich aus zwei Wörtern zusammen: *Zad*, was „geboren" bedeutet, und gah, was „Ort" heißt. Für mich war Kabul einst mein vertrauter Hafen, umgeben von der Wärme und Geborgenheit, die nur die eigene Heimat bieten kann. Die Erinnerungen meiner Kindheit sind wie kostbare Schätze in einer alten Truhe: die herzliche Umarmung meiner Mutter, die wie ein wärmendes Licht war, und die strahlenden Gesichter meiner Freunde, die das Leben zum Tanzen brachten. Doch all diese Erinnerungen sind nun durch einen Schleier aus Trauer und Sehnsucht verhüllt.

Ich dachte, *Zadgah* sei einfach der Ort, an dem man geboren wird, aber das war nur ein Teil der Wahrheit. Ich habe gelernt, dass *Zadgah* auch die Verbindung zu den Menschen und den Erinnerungen ist, die unser Leben und unsere Identität prägen.

Die Abreise aus Kabul, meinem *Zadgah*, war kein dramatischer Abschied, sondern ein leiser Rückzug, wie das Verblassen eines schönen Traums in der Morgendämmerung. Ich erinnere mich an den Moment, als ich die vertrauten Straßen hinter mir ließ. Jedes Kopfsteinpflaster schien mir nachzuhallen, jeder Duft der warmen Luft umhüllte mich wie eine melancholische Melodie, während ich die Schwelle zu einer neuen Welt überschritt.

Plötzlich fand ich mich in Berlin wieder – einer Stadt, die wie ein bunter Teppich voller Menschen und Eindrücke vor mir ausgebreitet war. Der Umzug war für mich nicht einfach; er war ein Sprung ins Unbekannte, ein Eintauchen in ein schwarzes Loch, das mich manchmal noch verschluckt. Ich fühlte mich wie ein Schatten, umgeben von einer Sprache, die wie ein rätselhaftes Geflecht über mir schwebte.

Alles war neu, und ich war verloren in dieser fremden Welt. Der Anblick der bunten Plakate, die in einem lebhaften Tanz im Wind wehten, der Geruch von frisch gebackenem Brot aus den Bäckereien, die mir wie eine Einladung zur Wärme erschienen, und das fröhliche Lachen der Kinder auf den Spielplätzen schienen mir fremd und weit entfernt. Ich war inmitten all dieser Farben und Geräusche, aber mein Herz war grau und schwer. Mit jedem Tag wurde mir schmerzlich bewusst, dass die Menschen um mich herum ein Leben lebten, das ich nicht vollständig begreifen konnte.

Oft saß ich allein auf einer Bank in einem der vielen Parks, während die Blätter wie goldene Münzen von den Bäumen fielen und die Erinnerungen an Kabul durch meine Gedanken strömten. Die Melodien der Lieder, die ich hörte, klangen wie ein Echo aus einer anderen Zeit, einer Zeit, die ich verloren hatte.

Mein Herz sehnte sich nach der Heimat, nach den vertrauten Gesichtern, nach den unbeschwerten Tagen in den Straßen von Kabul. Es fühlte sich an, als würde ich mit jedem Atemzug ein Stück meiner Seele zurücklassen.
Der Schmerz des Verlusts nagte an mir, ein ständiger Begleiter, der mir ins Ohr flüsterte: „Du bist nicht hier, du gehörst nicht hierher."
In den stillen Nächten, wenn die Welt um mich herum zur Ruhe kam, wurden die Erinnerungen zu einem Sturm in meinem Herzen.

Ich fühlte mich gefangen in einem Dilemma – zwischen der Traurigkeit über das, was ich verloren hatte, und der Angst vor dem, was vor mir lag. Die Sehnsucht nach *Zadgah* war nicht nur eine nostalgische Rückkehr zu Erinnerungen, sondern ein tiefes Bedürfnis, die Wurzeln meiner Identität zu verstehen und zu bewahren. Ich wollte schreien, wollte meinen Schmerz teilen, doch ich blieb stumm, gefangen in meiner eigenen Einsamkeit.

Die Menschen um mich herum waren freundlich, doch ich konnte die Mauer zwischen uns nicht überwinden.

Doch es gibt auch Momente der Hoffnung. Ich habe gelernt, dass *Zadgah* nicht nur ein geografischer Ort ist, sondern auch eine emotionale Verbindung, die in mir lebt. In Berlin fand ich mich oft in der Rolle der stillen Beobachterin, die den Menschen um sie herum zusah, während sie ihr Leben lebten, und sich fragte, ob sie jemals Teil dieser neuen Welt werden könnte. Ich begann zu erkennen, dass meine Wurzeln nicht verschwinden müssen, um zu wachsen. Ich könnte die Melodien meiner Vergangenheit mit den Klängen der Gegenwart verbinden und so eine neue Identität formen.

Wenn ich durch die Straßen Berlins gehe, fühle ich, wie meine Kultur und meine Geschichte Teil dieser neuen Welt werden. Doch die Trauer um das, was ich hinterlassen habe, bleibt. Mein Herz ist zwar in der Vergangenheit verwurzelt, aber meine Füße gehen in die Zukunft. Die Stadt hat mir die Möglichkeit gegeben, die Melodien meiner Vergangenheit mit den Klängen der Gegenwart zu verweben.

In der Stille meiner Gedanken suche ich nach einem Weg, die Wunden der Vergangenheit zu heilen und gleichzeitig einen neuen Platz in dieser Welt zu finden. Aber ich weiß nicht, ob ich es schaffe. Die Herausforderungen mögen groß sein, doch die Sehnsucht nach *Zadgah* ist stärker.

Vielleicht ist es möglich, eine neue Heimat zu schaffen, während ich die alten Erinnerungen hege und schätze. *Zadgah* ist mehr als nur ein Ort; es ist die Seele, die ich in mir trage, ein leuchtender Stern, der mir den Weg zeigt, während ich meinen Platz in dieser Welt suche. Der Schmerz bleibt, aber ich beginne zu begreifen, dass ich in der Lage bin, aus den Trümmern der Vergangenheit eine Zukunft zu gestalten, die mir gehört.

Rana Faizi,
Jahrgang 2009, wurde in Afghanistans Hauptstadt
Kabul geboren. Seit 2021 lebt sie mit ihrer Familie in
Berlin und besucht ein Gymnasium. Sie schreibt seit
ihrer Kindheit, um ihren persönlichen Ausdruck zu
finden. Rana engagiert sich für Umweltthemen,
interessiert sich für die jüngere Berliner Geschichte und
hat auch schon an den Model United Nations
teilgenommen.

Rahaf Namous

Warum bin ich hier? Ein Traum.

Ich bin hier geboren und aufgewachsen und habe so viele wunderschöne, traumhafte Erinnerungen. Aber bin ich hier wirklich glücklich? Ist das wirklich der Ort, den ich mein Zuhause nenne?

Als mir diese Fragen durch den Kopf gingen, wusste ich eines: Ich war auf der Suche nach dem Ort, den ich Heimat nenne, an dem ich mich wohlfühlen würde, wo ich hingehöre und wo ich hineinpasse.

Ich machte mich auf die Reise, um meine Heimat zu finden und ließ mich vom Wind in ein Land tragen. Als ich an eine Stadt kam, ging ich hinein.

Die Stadt war wunderschön. Vögel zwitscherten und bunte Blumen schmückten die Straßen. Ich kam an einem Restaurant vorbei und öffnete die Tür. Der Geruch war köstlich und ich vergaß für einen Moment, warum ich hier war. Es roch wie der Zitronenkuchen, den meine Mutter immer gebacken hat. Er erinnerte mich an meine Kindheit: Es war Herbst und die bunten Blätter fielen. Ich sah meiner Mutter beim Backen des Kuchens zu und habe ihr geholfen. Wir hatten Spaß und haben zusammen gelacht. Ich habe so viele schöne Erinnerungen an meine Mutter. Ich wünschte, ich könnte diese Zeit zurückbekommen.

Der Wind wehte und weckte mich aus dem Traum der Erinnerungen. Es war kalt und hart. Ich fühlte mich unwohl, als gehörte ich nicht hierher, also bin ich wieder aufgebrochen, um meine Reise fortzusetzen.

Dieses Mal habe ich mich von der Sonne leiten lassen. Ich lief der Sonne entgegen, es wurde immer wärmer und ich kam erschöpft und kraftlos an. Ich bin diese Sonne nicht gewohnt, sie ist so heiß und gibt mir keine Energie, im Gegenteil, sie hat mir meine Energie genommen und mich verlassen.

Das ist nicht die Sonne, die ich suche. Sie sollte die Welt mit Hoffnung und Liebe erleuchten und mir ein warmes, zärtliches Gefühl geben.

Ich sah eine Blume, nicht irgendeine, sondern eine Jasminblüte. Sie wuchs in unserem Garten. Mein Großvater hatte den Strauch gepflanzt. Ich habe ungeduldig darauf gewartet, sie im Frühling blühen zu sehen und ihren wunderbaren Duft zu riechen. Obwohl ich müde war, stand ich auf und roch den Duft der Blüten. Er weckte Energie in mir. Ich erinnere mich daran, wie mein

Großvater mir Geschichten erzählte. Ausgedachte Geschichten, in denen eine Figur eine spannende Reise unternimmt, interessante Dinge erlebt und am Ende der Reise etwas Neues lernt. Ich dachte, so etwas gäbe es nur im Märchen, aber ich habe mich geirrt.

Denn hier bin ich nun, auf meiner Reise, und hoffe, am Ende etwas zu lernen. Ich setzte meinen Weg fort in der Hoffnung, die Heimat zu finden, die ich suchte. Es war dunkel, aber der Mond schien. Mit der Zeit bemerkte ich, dass die Wolken begannen, den Mond zu verdecken. Als ich ankam, blickte ich zum Himmel auf. Die Wolken bedeckten den Mond, der mir den Weg erhellt hatte, und ich sah die kleinen funkelnden Sterne nicht mehr. Der Himmel war dunkel und leer und ich fühlte mich einsam. Alles war ruhig, ich konnte nur den kalten Wind wehen hören und fühlte mich leer und allein.

Also bin ich weitergegangen. Am nächsten Tag saß ich verzweifelt auf einer Bank und es waren seltsame Gefühlen in mir, die ich noch nie zuvor gespürt hatte. Es war das Gefühl, etwas zu verpassen. Was, wenn ich mein Zuhause nicht finden würde? Oder wenn ich einfach keine Heimat hätte?

Als ich schließlich den Ort erreichte, in dem alles begann, wurde mir klar, dass ich gefunden hatte, wonach ich die ganze Zeit gesucht hatte.

Denn Zuhause ist nicht nur der Ort, an dem man aufgewachsen ist oder viele Erinnerungen gesammelt hat. Es ist der Ort, wo ein sanfter Wind weht. Seine helle Sonne, sein strahlender Mond und seine strahlenden Sterne, jeder Luftzug gibt mir ein Gefühl der Sicherheit.

Jedes Mal, wenn die Sonne aufgeht, zaubert sie mir ein Lächeln ins Gesicht und gibt mir Kraft und Energie. Die Sterne, die jeden Abend leuchten und Hoffnung in mir wecken, der Mond, der jede Nacht magisch und sicher macht.

Dieses Gefühl kann nur als schön beschrieben werden: Ich habe mein Land gefunden und weiß, was es bedeutet.

Rahaf Namous,
Jahrgang 2010, wurde in Syrien geboren. Sie besucht heute ein Gymnasium in Berlin und liebt es, in ihrer Freizeit kreativ zu sein. Sie hat schon an einigen Wettbewerben teilgenommen und träumt davon, eine Autorin zu werden.

Nazafarin Kazemi

Liza Bekhalo

Mary Makinde Taiwo

Gulbaddin Hakimi

B.M. Ngare

Nazlı Gezgin

Mostafa Ismail Mohamed

Ahmed Al Mohammed

Iryna Gindina

Mohamad Zahra

Rahmetullah Berxwedan Andan

Asya Aldiri

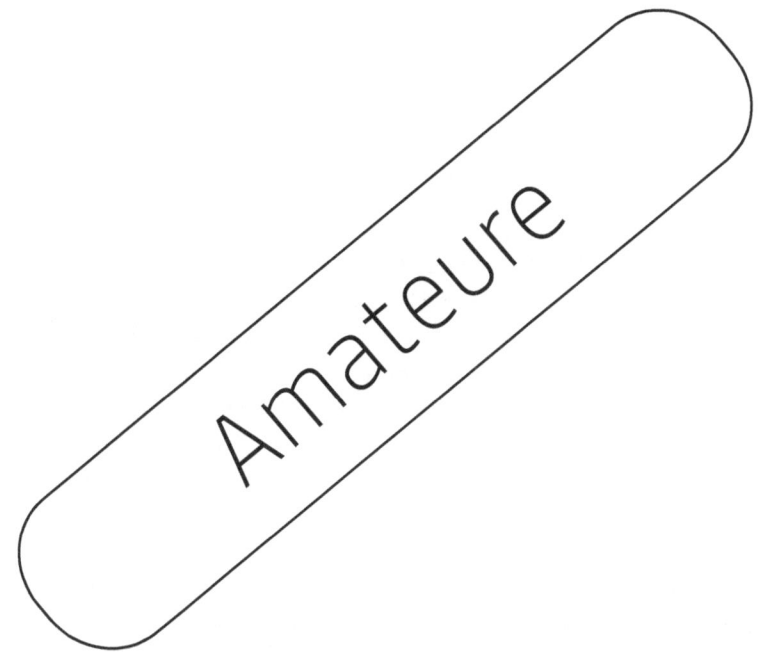

Nazafarin Kazemi

Talahon

Ich stehe an der Bushaltestelle. Die Haut meines Gesichts kribbelt vor Kälte. Wenn ich atme, kommt warmer Dampf aus meinem Mund. Ich spiele mit ihm, als wäre es Zigarettendampf, und puste ihn in die Luft. Das Viertel, in dem ich lebe, ist der südlichste Ort Berlins. Es ist ein ruhiges und friedliches Viertel mit schönen, von Gärten umgebenen Häusern. Hier ist alles anders als in meiner Geburtsstadt Teheran. Dort ist der Norden wohlhabend und modern, der Süden älter und ärmer. Ich habe immer an einem Ort in der Mitte gelebt, nahe der Universität und dem Stadttheater.

Theater! – wenn ich daran denke, zieht sich mein Herz zusammen. Es sind schon ein paar Monate vergangen, seit ich das letzte Mal auf der Bühne gestanden habe. Dieser Sommer war der traumhafteste meines Lebens in Deutschland. Nach fünf Jahren konnte ich endlich auf Deutsch auf der Bühne stehen und die Rolle spielen, die ich wollte: meine eigene Rolle, und die Geschichte meiner Flucht aus meiner Heimat. Heimat! Sie war für mich mein ein und alles. Ist es das?! Ja! Es ist alles.

Ich kam mit dem Flugzeug nach Deutschland. In dem Augenblick, als die Räder den Boden verließen, wurde mir klar, dass sich mein Leben für immer verändern würde. Ich hatte sechsunddreißig Jahre Leben und Erinnerungen in zwei Koffer gepackt und brachte sie mit mir. Die Entscheidung, was ich mitnehmen wollte, war schwer. Das Einzige, was ich wirklich mitbringen wollte, waren abgesehen von meinen Kindern die Knochen meiner geliebten Mutter und etwas Heimaterde.

Langsam fährt der Bus auf die Haltestelle zu. Ich steige immer durch die hintere Tür ein. Es gibt einen Platz, den ich mag. Ganz hinten im Bus, am Fenster. Der Bus hält. Die Türen öffnen sich. Ich will durch die hintere Tür einsteigen, als plötzlich zehn, fünfzehn lebhafte Schulkinder, etwa sieben oder acht Jahre alt, vor mir einsteigen. Ich bete im Stillen, dass keiner von ihnen meinen Lieblingsplatz besetzt. Ich warte. Als alle eingestiegen sind, steige ich hastig ein. Ich schaue mich nach freien Plätzen um. Eins nach dem anderen setzen die Kinder sich. Ihre Lehrerin fängt an, Anweisungen zu geben.
– Morris, setz dich.
– Yusuf, schubse deinen Freund nicht.
– Hey Kinder, es ist genug Platz für alle, beeilt euch nicht.
  Sie bleibt mitten im Gang stehen.
– Entschuldigung, sage ich zur Lehrerin und gehe an ihr vorbei, um zu meinem Lieblingsplatz zu gelangen.

Ich hole mein Handy aus meiner Tasche und beginne, die Nachrichten zu lesen. Der Nahe Osten ist wie immer in einer schweren Krise, die Spannungen zwischen Iran und Israel sind gestiegen, und nach den Luftangriffen und Raketenangriffen der iranischen Regierung wartet Teheran nun dringend auf eine Vergeltungsoperation Israels.

Die Kinder reden laut miteinander.
– Schau mal da drüben, Alter, ein Talahon!
Jetzt schauen alle gemeinsam aus dem Fenster. Ein etwa fünfzehnjähriger Junge läuft dort, mit einem einzigartigen Stil: Gucci-Mütze, Bauchtasche, Fußballtrikot und eine dicke goldene Kette.
Jetzt fangen die Kinder alle gemeinsam an zu rufen: Talahon, Talahon.
Ich habe dieses Wort noch nie gehört. Ich google es. Auf Wikipedia steht: Talahon (aus dem Arabischen ta'āl lahōn, was „komm mal her" bedeutet) ist ein Klischeebegriff, der sich normalerweise auf junge Männer mit arabischer Migrationsgeschichte bezieht. Er stammt aus Videos in sozialen Medien und wird sowohl als selbstgewählter Name als auch als Etikett von anderen verwendet. Kritiker bemängeln vor allem das aggressive und frauenfeindliche

Verhalten mancher, die sich „Talahon" nennen. In einer weiteren Quelle lese ich, dass der Begriff in letzter Zeit ein negatives Image angenommen hat. Er wird nun auch von Rechten verwendet, um eine ganze Gruppe von Menschen zu diskriminieren – insbesondere junge Männer arabischer Herkunft.
Ich empfinde ein ungutes Gefühl.

Als ich vor fünf Jahren nach Deutschland kam, war die Situation anders. Das Verhalten der Migranten gegenüber ihren deutschen Gastgebern war besser, und die deutschen Gastgeber waren geduldiger und freundlicher.
– Setzt euch alle auf euren Platz. Morris, Aria, schreit die Lehrerin.
„Aria". Als ich den Namen „Aria" höre, sackt mein Herz in meiner Brust. Ich schaue mich um, um zu sehen, wer „Aria" heißt? Ein kleines Mädchen mit glattem Haar.

Ich denke an meinen eigenen Aria. Mein zweiter Sohn, der jetzt zehn Jahre alt ist. Seit fünf Jahren habe ich ihn und meinen älteren Sohn „Ilia", der jetzt siebzehn ist, nicht gesehen. Ich habe sie nicht umarmt. Ich habe ihren Duft nicht eingeatmet. Fünf Jahre lang. Ohne jeglichen Kontakt. Ihr Vater hat unsere Beziehung verboten. Im Iran hat der Vater das Sorgerecht. Väter haben viele Rechte. Sie haben sogar das Recht über das Leben ihrer Kinder. Wenn ein Vater im Iran sein Kind tötet, ist die Strafe im besten Fall ein paar Jahre Gefängnis, denn der Vater ist der Vormund des Kindes und das Recht auf Leben und Tod liegt in seiner Hand. Während die Strafe für Mord die Todesstrafe ist, gilt dies nicht für Kindstötung. Unglaublich!

– Helena hat alle zu einer Pyjama-Party eingeladen, ruft eins der Kinder.
– Nein, nur die Mädchen sind eingeladen! Nicht ihr dreckigen Jungs, antwortet Helena.
Der Lehrer, der vorne im Bus neben den anderen Kindern steht, wird aufmerksam.
– Hey! Hey! Sei höflich, Helena!

„Helena!" Die schöne Helena. Das schönste Mädchen in Athen. Welches Geheimnis verbirgt sich in deinen Augen, das mich so aus der Fassung bringt? Helena, die aristokratische Athenerin. Eine Rolle, die ich sehr geliebt habe. In „Ein Sommernachtstraum", dem zeitlosen Werk von William Shakespeare.

Wir haben das Stück 175 Abende lang in Teheran aufgeführt. Jeden Abend, wenn ich auf der Bühne stand, sah ich meine Jungs, die dort mitten im Publikum saßen und mich mit ihren dunklen Augen anstarrten. Es schien, als wäre ich eine Zauberin, die Magie entfaltet. Selbst an den Abenden, an denen ich nicht gut spielte, stotterte oder einen Dialog vergaß, war ich in ihren Augen immer noch eine Heldin. Jetzt habe ich meine Kinder seit fünf Jahren nicht mehr gesehen. Ihr Lachen schallt nicht mehr in meinen Ohren.

Das fröhliche Lachen der Schulkinder reißt mich aus meinen Gedanken. Helena macht von ihrem Platz aus Grimassen zu dem Jungen, der in der letzten Reihe neben mir sitzt. Die Kinder vor und neben mir beginnen zu tuscheln.
– Selbst wenn sie uns eingeladen hätte, wären wir nicht hingegangen. Meine Mutter erlaubt mir nicht, irgendwo zu übernachten.
– Ich gehe, ich habe einen Schlafanzug mit Barbie-Motiv, sagt ein kleines, niedliches Mädchen mit langen Fingern.

Ein anderes Mädchen antwortet mit einer Stimme, die wie die eines Papageien klingt, aber ich höre nicht mehr zu. Ich beginne erneut, die Nachrichten zu lesen. Trump und Harris sind weiterhin dabei, sich in ihren Wahlkampfreden gegenseitig zu zerlegen.

Mit dem neuen Lärm der Kinder drehe ich mich wieder zu ihnen um.
– Helena hat gesagt, dass wir uns an diesem Abend schminken können.
– Gott sei Dank sind wir nicht eingeladen, sonst würde ich mich umbringen, murmelt der Junge neben mir. Er heißt Yusuf. Die anderen Jungs lachen leise.

Ich denke an ihre Freiheit. An die Sicherheit, die sie haben. An ihre Sorgen. Die Hoffnung auf eine strahlende Zukunft. Ich denke an meine Kinder. An die iranischen Kinder. An die iranischen Mädchen, die in den letzten zwei Jahren in ganz Iran wegen ihres Kampfes gegen den verpflichtenden Hijab getötet oder festgenommen wurden. An die afghanischen Mädchen, die vom Weiterlernen ausgeschlossen sind. An die Kinder in Gaza. An die Kinder in Beirut. An Kinder auf der ganzen Welt.

Yusuf schaut mich und meine Umhängetasche an, die wie ein Fotoapparat aussieht.

– Was für eine coole Tasche!

Ich lächle ihn an und sage „Danke".

Er nickt und beginnt laut zu singen.

– Ananas, Ananas, deine Hose ist schon nass.

– Das reicht! Hör auf! schreit die Lehrerin und wird rot.

Jetzt versucht Yusuf ohne den Text zu singen, nur die Melodie des Liedes „Ananas" zu summen. Ich denke über seinen Mut nach. Ich mag die Art und Weise, wie er in diesem jungen Alter kämpft.

Plötzlich fühle ich mich in meine eigene Kindheit zurückversetzt. Ich erinnere mich an diesen Feiertag im Herbst meines achten Lebensjahres. Es war der Geburtstag eines Freundes. Meine Mutter hatte versprochen, mich zur Geburtstagsfeier zu bringen. Ich hatte begeistert meine „Karottenhose" angezogen, die in jenen Jahren in Mode war, oben weit und unten eng. Meine Haare waren im „Topfschnitt". Ich war sehr glücklich. Wir liefen los und plötzlich riss mich das Geräusch einer scharfen Bremsung direkt vor uns in die Realität zurück. Ich hob den Kopf und sah sie. Ein grünes Patrouillen-Fahrzeug mit vier Türen. Gleichzeitig öffneten sich die Türen und vier große Männer mit langen Bärten, in grünen, schmutzigen Mänteln, in Soldatenstiefeln und mit Kalaschnikow-Gewehren in der Hand standen vor meiner Mutter und mir. Ich sah, wie die Farbe aus dem Gesicht meiner Mutter wich. Sie hob ihre Hand zum Kopftuch und zog es nach vorne. Die Männer kamen näher.

– Warum trägt dieses Mädchen kein Kopftuch?, schrie einer der Männer meine Mutter an.

– Sie ist noch ein Kind. Sie ist erst acht Jahre alt. Sie ist noch nicht in dem Alter, in dem sie ein Kopftuch tragen muss, antwortete meine Mutter.

– Von hinten sieht sie aus wie eine Frau! Sie muss ein Kopftuch tragen! Zieht ihr ein langes Kleid an. Karottenhose! Ihr seid doch westlich beeinflusst!

– Wenn wir westlich beeinflusst wären, wäret ihr nicht an der Regierung, sagte meine Mutter wütend.

Die Männer hatten keine Lust auf Streit und Diskussion. Sie hatten auch selbst bemerkt, dass ich noch sehr jung war.

– Bringt sie nicht so nach draußen! Ihr verleitet die Jungs zur Sünde! Ist das klar?!

Das war klar!

Das Geschrei der Kinder bringt mich zurück in den Bus. Der Bus nähert sich der Endstation und die Kinder können es kaum erwarten, auszusteigen. Die Lehrer beginnen damit, Befehle zu erteilen.

– Emilia, halt dich an die Reihenfolge, wir steigen alle aus!

– Helena, das ist die Endstation, willst du nicht aussteigen?

– Hey, Yusuf, wie oft muss ich dir sagen, dass du die anderen nicht schubsen sollst?

Jetzt sind alle ausgestiegen. Die Lehrer stellen die Kinder auf und zählen sie.

Ich bin die Letzte, die aussteigt. Ein kalter Wind weht. Ich nehme eine vorgefertigte Zigarette aus meiner Tasche, aus der Tasche, die Yusuf gemocht hat. Ich denke an Yusuf und sein Lächeln. An meine Kinder. An meine Mutter. An mein Heimatland. Ich zünde mir die Zigarette an und blase den Rauch in die Luft. Ich denke darüber nach, dass die Heimat der Ort ist, an dem die Seele des Menschen Frieden findet, wo die Sorgen des Lebens verwehen. Doch wo wird meine Seele in dieser weiten Welt zur Ruhe kommen? Diese Frage stelle ich mir, während ich nach meinem Platz im Universum suche. Ich beobachte, wie die Kinder in einer geordneten Reihe von mir weggehen.

Nazafarin Kazemi,
Jahrgang 1983, wurde im Iran geboren und hat
dort mehr als 20 Jahre als Schauspielerin gearbeitet.
2019 ist sie nach Deutschland geflohen. Aktuell
macht sie eine Weiterbildung zur interkulturellen
Sprachmittlerin.

Liza Bekhalo

Mein Platz in der Welt

Es ist Nacht. Im Mondschein läufst du mit einer Dose Energydrink in der Hand durch die fast leeren Straßen der Stadt und schaust dich ab und zu um. Wohin gehst du eigentlich? Nirgendwohin. Du gehst einfach nur und versuchst herauszufinden, was du bist, was du mit deinem Leben anfangen sollst. Du siehst junge Menschen, die laut lachen, lebhaft diskutieren, lecker essen und dann gemeinsam nach Hause gehen.

Auf der anderen Straßenseite wird die Dunkelheit vom Licht aus den Fenstern der Wohnblocks durchbrochen. Ich habe keine Ahnung, wer dort wohnt, aber man kann sich vorstellen, dass jemand einen Kakao zubereitet, um einen interessanten Film zu sehen und dann in einem warmen, gemütlichen Bett einzuschlafen. Jemand liest seinen Kindern Gute-Nacht-Geschichten vor, jemand liegt auf dem Sofa und lauscht dem Schnurren der Katze, jemand plant, die ganze Nacht mit seinen besten Freunden in der Küche zu verbringen ... Jemand, aber nicht Du.

Vor ein paar Jahren war ich eine ganz normale Studentin an einer der besten Universitäten meines Landes. Du hast Treffen mit Freunden geplant, bist zu Konzerten deiner Lieblingsrockband gegangen, hast mit deinen besten Freunden bis in die Morgenstunden interessante Animationsfilme geschaut und neue Talente in dir entdeckt. Das Leben schien so schön, voller bunter Farben. In deiner Seele brannte ein Feuer, das dir die Kraft gab, unvorstellbar viele Dinge zu tun, in deinem Kopf wurde eine Idee nach der anderen geboren, die dein Leben noch besser und interessanter machen könnten.

Du hattest auch immer ein Zuhause. Ja, du hast die meiste Zeit im Studentenwohnheim verbracht, wo du dich gut amüsiert hast. Aber deine Verwandten warteten immer auf dich in deiner Heimatstadt. Du hast diesen Ort als dein Zuhause betrachtet, weil du deine ganze Kindheit und Jugend hier verbracht hast.

Ja, hier hast du deine ersten Schritte gemacht, sprechen gelernt, deine Hausaufgaben für die Schule gemacht, zum ersten Mal deine Lieblingsfilme gesehen, bis zum Morgen leise mit Freunden gesimst, dich auf deine Abschlussprüfungen und dann auf dein Studium vorbereitet. Und obwohl du viele Meinungsverschiedenheiten mit deiner Familie hattest, hast du gemerkt, dass sie sich um dich sorgten und alles versuchten, damit du dich wohlfühlst.

Es war ein Ort, der warme Erinnerungen weckte. Aber es war immer noch das Zuhause deiner Verwandten. Das Studentenwohnheim war eine neue Entwicklungsstufe, denn hier wollte ich nach und nach einen Job finden und endlich eine eigene Wohnung mieten und mir ein gemütliches Leben aufbauen.

Ah, Träume … Träume sind großartig. Solange man von etwas träumen kann, hat man auch die Motivation weiterzumachen. Man möchte wirklich in den Schuhen derer stecken, die jetzt ein Zuhause haben. Einen Ort, an dem man weinen kann, ohne Aufmerksamkeit zu erregen, an dem man zu jeder Tageszeit ungestört ein Buch lesen kann, an dem man ein neues Rezept aus dem Internet ausprobieren kann, wo man duschen kann, ohne Angst um seine Sachen haben zu müssen.

Ein Ort, wo du dein Bücherregal aufstellen kannst, wo du dich mit engen Freunden unterhalten kannst. Ein Ort, wo du deine Drachenrüstung ablegen kannst, um in dieser Welt zu überleben und eine zufriedene, schnurrende Katze zu sein. Aber du hast so einen Ort nicht.

Du sitzt irgendwo in einem Park und lächelst traurig, als du eine Ratte mit einem Stück Brot zwischen den Zähnen vorbeilaufen siehst. Es ist schon seltsam, aber in diesem Moment seid ihr gar nicht so verschieden. Ihr überlebt beide, streift nachts durch die Stadt, habt beide kein Zuhause und die Einwohner wollen euch loswerden. Sie wollen die Ratte loswerden, weil sie Krankheiten übertragen kann und Dinge anknabbert, die man nicht haben will. Und sie wollen dich loswerden, weil du kaum als nützlich für die Gesellschaft angesehen wirst, obwohl du versuchst zu beweisen, dass du viel tun kannst ... Du bist eine Fremde.

Vor drei Jahren habe ich mein viertes Studienjahr an der Universität abgeschlossen, ich hatte viele berufliche Möglichkeiten und wollte die Ukraine auf keinen Fall verlassen. Und jetzt ist der Krieg mit einem Höllenfeuer ausgebrochen, jeden Tag suchen sich Raketen ein neues Ziel in Städten, in denen Zivilisten ein ganz normales Leben führen. Jemand wird besetzt, jemand stirbt an der Front, um die Zukunft der Ukraine zu verteidigen ...
Der Ort, der mit Heimat verbunden war, ist nun mit dem Tod verbunden. Es ist schmerzhaft, das zu sehen, aber das ist die neue Realität.

Du hast deinen Weg gewählt, als du eine höllische Nacht an der polnisch-ukrainischen Grenze überlebt hast. Die Kälte drang in deine Knochen, dein ganzer Körper hasste dich, aber du konntest nicht aufgeben, denn deine eigene Sicherheit stand auf dem Spiel.
Dann waren furchtbar viele Menschen um dich herum, es schien, als wärst du inmitten eines Ozeans von lebenden Menschen, die alle auch sehr müde waren. Alle waren wie erstarrt, alle wussten nicht, was sie als Nächstes tun sollten, jemand weinte, jemand schrie ...
Und meine Seele wurde von den Zeilen des Liedes meiner Lieblingsband gewärmt, die mich aufforderten, meine Kräfte zu sammeln und mir halfen, daran zu glauben, dass ich diese Prüfung bestehen könnte. Auch wenn es sich in diesem Moment anfühlte, als wäre ich fast tot ...

Und jetzt sitze ich auf einer Bank in einem Berliner Park, trinke meinen Energydrink und höre diese Band über die Kopfhörer.
Ja, du hast diese Tortur überlebt, um sicher zu leben – deshalb sitzt du hier.
Aber du weißt immer noch nicht, wie du jetzt in dieser Welt leben sollst. Du

bist dreiundzwanzig, hast immer noch kein Glück gehabt, einen Job zu finden, kein Glück, dich im Leben zu verwirklichen, und du hast kein Zuhause ...
Du hast nirgendwo ein Zuhause.
Zwischen mir und meinen Verwandten in der Ukraine klafft eine Lücke, weil sie die Welt und die Gefahr anders wahrnehmen – sie hören jeden Tag den Fliegeralarm, sehen Raketen vorbeifliegen, hören Explosionen, leben aber irgendwie mit der Bereitschaft, jeden Moment zu sterben.

Es scheint mein Zuhause zu sein, aber ich bin jetzt eine Fremde dort. Auch wenn ich mich selbst betrachte, merke ich, dass ich andere Erfahrungen habe, die meine Verwandten in der Ukraine nicht haben.
Aber ich bin auch fremd in Deutschland. Ich bin eine Ukrainerin, die in einer anderen Kultur aufgewachsen ist und deshalb andere Vorstellungen von der Welt hat. Ich verbringe jetzt meine Zeit hier und versuche, mich an die neuen Bedingungen anzupassen, hoffe, mich zu integrieren, aber auch hier habe ich kein Zuhause.
Du hast einen Platz zum Schlafen, eine Koje auf der oberen Etage eines Bettes in einem Lager für andere wie dich.

Vergessen Sie die Privatsphäre, vergessen Sie den normalen Schlaf, denn es sind viele Leute da, darunter kleine Kinder, die mitten in der Nacht in verschiedenen Bereichen der Halle schreien. Jeder hier hat seine eigene Geschichte, seine eigenen Ziele.
Und in den Augen der Einheimischen hebt man sich nicht von der Masse ab. Du bist nicht schlechter oder besser als andere, aber das macht es nicht leichter.

Du sitzt da, hörst das Lied, an das du dich an der Grenze erinnert hast, und weinst ... Du weißt nicht, wie lange deine Kraft reichen wird. Du bist sehr müde, aber nicht körperlich, sondern geistig.
Es ist furchtbar deprimierend zu erkennen, dass dein Leben in einem Loch steckt – es ist, als ob alles vorbei ist, bevor es überhaupt begonnen hat.
Du klammerst dich an die Zeilen des Liedes, die dir so wichtig sind, und versuchst, deine Seele nicht zu Staub zerfallen zu lassen ... Du willst glauben, dass du dich selbst finden kannst und dir beweisen, dass du keine Versagerin bist.

Du schließt die Augen und stellst dir vor, wie deine Freunde um den Tisch sitzen, während du ein köstliches Essen kochst und deine Lieblingsmusik leise im Hintergrund spielt, um für Stimmung zu sorgen.

Vielleicht hat das Schicksal eines Tages ein Einsehen mit mir, so dass ich endlich mein Potenzial ausschöpfen kann, einen guten Job finde und mein Traum von einem eigenen Zuhause in Erfüllung geht.

Das wäre schön.

Übersetzung aus dem Russischen von Lena Preuss

Liza Bekhalo,
Jahrgang 2001, wurde in der Ukraine geboren.
Sie ist nach Berlin geflüchtet, wo sie versucht, sich
ein neues Leben aufzubauen. Derzeit lebt sie im
Ankunftszentrum Tegel.

Mary Makinde Taiwo

Über Grenzen hinweg

Das Leben einer nigerianischen Frau bewegt sich in verschiedenen Welten –
eine, die von Traditionen, und eine, die von modernen Wünschen bestimmt
wird. Schon in meiner Kindheit in Lagos war ich fasziniert von Wissenschaft.
Später wurde ein Abschluss in Mikrobiologie mein Ziel, getrieben von dem
Verlangen, die kleinsten Elemente zu verstehen, die die Welt zusammenhal-
ten. Ich stellte mir vor, dass ich in einem Labor arbeiten und eine Entdeckung
machen würde, die zur Gesundheit Nigerias beiträgt. Doch das Leben, so
lernte ich bald, folgt nicht unbedingt unseren Plänen.
Nach meinem Universitätsabschluss bekam ich einen Aushilfsjob in der Qua-
litätskontrolle eines Limonadenherstellers. Es war mein erster Kontakt zur
Welt der Unternehmen, und der hinterließ nicht unbedingt einen bleibenden
Eindruck. Jeden Tag überprüfte ich, ob die Flaschenabfüllung den Qualitäts-
standards entsprach. Ich war durchaus stolz auf meine Arbeit, denn sie trug
dazu bei, der Allgemeinheit sichere Produkte zu liefern. Doch als der Aushilfsjob zu Ende ging, war ich in einer Situation, die die meisten nigerianischen Hochschulabsolventen kennen: arbeitslos. Wie die meisten meiner
Freunde bewarb ich mich beim National Youth Administration Corps
(NYSC), Nigerias Nothilfe-Programm für Hochschulabsolventen. Ich kam
als Lehrerin in eine ländliche Gemeinde. Unterrichten war zwar nicht das,
was ich mir einst für mein Leben vorgestellt hatte, aber ich nahm die neue
Aufgabe an. Jeden Tag saß ich vor einem Raum voller energiegeladener Schü-
ler, von denen einige noch nie im Leben ein Vergrößerungsglas in der Hand
gehabt hatten. Doch ihre Energie machte mir Freude, und es war eine Zeit der
Entwicklung, für sie und für mich. Trotzdem konnte mich die Schule nicht
weiterbeschäftigen und die Berufsaussichten blieben mau. Gleichzeitig wuchs
der Druck, eine Familie zu gründen. In Nigeria wird eine unverheiratete Frau

Ende Zwanzig häufig als minderwertig angesehen, unabhängig von ihren Leistungen. Meine Familie sprach von Heiratsvermittlung und drängte mich dazu, mich „niederzulassen". Aber ich war nicht bereit, mich an kulturelle Erwartungen anzupassen. Ich hatte größere Träume, die über die Grenzen Nigerias hinausgingen.

Vor Deutschland kam die Ukraine. Dort war mein denkwürdigster Aufenthalt in Europa, ein Land, für das ich mich wegen seiner angesehenen Programme in Biotechnologie und Molekularbiologie entschieden hatte. Es schien der richtige Ort zu sein, um anzufangen, und ich stürzte mich voller Elan in mein Studium, lernte fortgeschrittene Verfahren kennen und erweiterte mein Wissen. Meine Zeit in der Ukraine war bahnbrechend für mich, denn ich konnte mich in die wichtigste Forschung einarbeiten und blühte auf beim Lernen. Doch dann kam der Krieg. Die ruhigen Straßen und trubeligen Universitätsflure waren nach der russischen Invasion am 24. Februar 2022 plötzlich aufgeladen mit Angst und Verwundbarkeit. Das Unbehagen in der Luft war überwältigend und ich war mir sicher, dass ich dort nicht bleiben konnte. Meine Träume, die ich bis in die Ukraine verfolgt hatte, gerieten ins Wanken und drohten zusammenzubrechen. Ich musste eine Entscheidung treffen – trotz der ernsten Gefahr dort zu bleiben oder die Flucht nach vorn anzutreten.

Nach langem Überlegen wurde Deutschland der nächste Schritt. Mein Polarstern. Es würde mir die Sicherheit geben, nach der ich mich sehnte. Aber was noch wichtiger war: Es ermöglichte mir, den Weg fortzusetzen, den ich mir vorgenommen hatte, als ich Nigeria verließ. Genau die Gründe, die mich dazu gebracht hatten, von zu Hause wegzugehen – der Wunsch nach Sicherheit, einer erfolgreichen Karriere und neuen Möglichkeiten – zwangen mich nun geradezu, in Deutschland weiterzumachen und einen Traum weiterzuverfolgen, auf den ich mir ein Anrecht erworben hatte. Als der Moment kam zu gehen, war es schwer. Nigeria mit seinen lebhaften Straßen, der glühenden Sonne und den vertrauten Stimmen der Yoruba waren alles, was ich bis dahin gekannt hatte. In das Flugzeug zu steigen war wie in die Fremde zu gehen, aber unter meiner Angst lag ein Anflug geistiger Stärke. Die Reise nach Deutschland war lang, sowohl in der Realität als auch innerlich. Ich ließ nicht nur ein Land zurück, sondern auch eine Art zu leben. Als das Flugzeug abhob, musste ich darüber nachdenken, was mich erwartete. Würde ich einen Platz finden? Könnte ich mir an einem fremden Ort ein neues Leben aufbauen?

In Deutschland begrüßte mich eine Kühle, die mehr war als das Wetter. Die Straßen waren sauber, geordnet und schrecklich ruhig, ein krasser Gegensatz zur lärmenden Energie Nigerias. Die Sprachbarriere sprach sich schnell herum. Deutsche Wörter schwirrten um mich herum, scharf und neu, und ich fühlte mich wie eine Unberührbare. Es war als sähe ich die Welt durch eine trübe Fensterscheibe, unfähig, wirklich teilzuhaben. Für mich als Migrantin war meine Umwelt ganz unterschiedlich: einige Deutsche waren herzlich und hießen mich willkommen, andere reagierten mit Skepsis. Ich spürte die Schwere des Andersseins, eine Fremde in einem fremden Land. Die Gewöhnung an das Leben in Deutschland war ein langsamer und manchmal schmerzhafter Prozess. Die kulturellen Unterschiede waren groß, von der deutschen Vorliebe für Zuverlässigkeit und Ordnung bis hin zur Abhängigkeit von Systemen und Konventionen. Ich vermisste die Unvorhersehbarkeit des Lebens zuhause, wo sich die Bedingungen oft im Bruchteil einer Sekunde änderten und nichts für immer festgelegt war. Doch mit der Zeit erkannte ich den Wert des deutschen Systems. Es gab mir ein Gefühl von Ordnung, von dem ich gar nicht wusste, dass ich es brauchte.

Die Depression war der schlimmste Teil. Ohne meine Familie, ohne die vertrauten Klänge der Yoruba, fühlte ich mich oft hilflos. Doch mitten in dieser Niedergeschlagenheit spürte ich auch Vertrauen. Ich sagte mir, dass diese Leere nur von kurzer Dauer sein würde und dass ich mit der Zeit meinen Platz finden würde. Ich begann ganz allmählich, eine neue Persönlichkeit zu entwickeln, und zog aus meinen nigerianischen Wurzeln die Energie, die es braucht, um in Deutschland zu gedeihen. Mein wichtigster Job in Deutschland war alles andere als aufregend. Ich arbeitete als Putzfrau, ein Job, den viele für unter ihrer Würde halten. Doch für mich war es mehr als ein Brotjob – es war eine große Hilfe. Jede Aufgabe, die ich erledigte, jede Beziehung, die ich hatte, war ein Schritt in Richtung Freiheit. Es war mein Update, für das ich bereit war, ganz von unten anzufangen und mich langsam nach oben zu arbeiten.

Ich stürzte mich voll und ganz in das Erlernen der Sprache. Deutsch zu beherrschen war entscheidend und öffnete mir neue Möglichkeiten. Ich meldete mich für Kurse an und traf andere Außenseiter, die mit den gleichen Schwächen kämpften. Wir wurden zu einer Gemeinschaft. Wir lachten, teilten unsere Kämpfe und lobten uns gegenseitig für unsere Erfolge. Wie an dem Tag, als ich meinen Deutschtest mit Bravour bestand – eine Leistung, die mir Tränen in die Augen trieb.

Mit der Zeit begann ich, Deutschland nicht mehr als eine Durchgangsstation zu sehen, sondern als eine neue Heimat. Es zeigt mir Freiheit, wie ich sie noch nie erlebt hatte. In Nigeria war ich immer von meiner Familie umgeben gewesen, einer Gemeinschaft, die mich auffing, wenn ich dachte, ich würde fallen. Hier war ich allein. Es war beängstigend, aber auch aufregend. Ich lernte, auf mein Bauchgefühl zu hören, Entscheidungen für mich selbst zu treffen und ein Leben ohne das Sicherheitsnetz aufzubauen, auf das ich mich einst verlassen hatte.

Es gibt Tage, an denen ist das Heimweh überwältigend. Ich vermisse die warme Umarmung der nigerianischen Sonne, die pulsierenden Märkte und den unverwechselbaren Duft von Jollof-Reis, würzigen Gemüseeintöpfen, gedünstetem Bohnenpudding und Teig aus Yamswurzelmehl, der auf den Straßen und unter Zeltdächern zubereitet wird. Mehr als alles andere vermisse ich das Gefühl, meinen Platz zu haben – zu wissen, dass ich überall, wohin ich gehe, von Menschen umgeben bin, die mich verstehen und dieselbe Sprache des Herzens sprechen. Nigeria wird immer mein Zuhause sein, egal wie weit ich noch gehe. Doch mit der Zeit wurde mir klar, dass ich mich weder für Nigeria noch für Deutschland entscheiden muss. Ich kann beides in mir aufnehmen. Ob ich in meiner deutschen Küche traditionelle Gerichte koche, meinen Kindern Yoruba beibringe oder Freunden hier Geschichten über mein Erbe erzähle, Nigeria ist immer präsent. Es ist in den Stoff meines Lebens eingewebt, selbst in diesem fremden Land. Auch Deutschland wurde wichtig auf eine unerwartete Weise. Anfangs schien es nur ein kurzer Zwischenstopp auf meiner Reise zu sein, ein Ort, dem es an der Energie meiner Heimat mangelte. Doch mit der Zeit wurde es mehr als das, zu einem Ort der Möglichkeiten, des Aufbaus und der Sicherheit. Es gab mir die Möglichkeit, mein Leben neu zu erfinden, es nach meinen Wünschen neu zu beginnen. Dafür bin ich dankbar.

Meine Hoffnung für die Zukunft ist, dass die Brücke zwischen Nigeria und Deutschland wächst. Dass die Gaben der nigerianischen Frauen – unsere Fantasie, unser Wissen und unsere Stärke – auf der ganzen Welt gesehen und angenommen werden. Ich wünsche mir ein Deutschland, das weiterhin für diejenigen einsteht, die Schutz und Chancen suchen. Und ein Nigeria, das irgendwann die wertvollen Möglichkeiten bietet, die ich einst im Ausland gesucht habe.

Ich habe einen ganz einfachen Traum für Frauen wie mich: Wir sollten uns in uns selbst wohlfühlen, egal wo wir sind. Ob in Nigeria, in Deutschland oder ganz woanders, wir verdienen die Chance, wertvolle Erfahrungen zu machen.

Wir Frauen sollten erkennen, dass wir sowohl etabliert als auch unabhängig sein können, dass wir unser Erbe bewahren und gleichzeitig neue Horizonte ansteuern können. Ich wünsche mir, dass die Beziehung zwischen Nigeria und Deutschland auf gegenseitigem Respekt basiert und beide Länder erkennen, was sie einander bieten können. Für mich sind diese beiden Welten nicht getrennt, sondern miteinander verflochten. Ich bin ein Ergebnis aus beiden und auf meiner Reise habe ich Kraft aus dieser Verbindung gezogen.

Es ist eine Stärke, die ich für jede Frau erhoffe, die ihren Weg zwischen den Welten erkundet.

Übersetzung aus dem Englischen von Monika Hebbinghaus

Mary Makinde Taiwo,
Jahrgang 1988, wurde in Nigeria geboren. Sie kommt
aus einer Familie des Yoruba-Stammes, in dem es
traditionell viele LehrerInnen und gut ausgebildete
Fachkräfte gibt. Sie liebt gutes Essen und interessiert
sich für Musik.

Gulbaddin Hakimi

Die Geschichte
eines Geflüchteten

Vielleicht begann alles mit einem Gefühl der Hoffnungslosigkeit. Doch selbst
in der tiefsten Dunkelheit schimmerte ein Funken Hoffnung.

In den engen, belebten Gassen Istanbuls war ich zu einem Schatten meiner
selbst geworden. Während die Menschenmassen an mir vorbeizogen, fühlte
ich mich unsichtbar. Ich lebte wie ein verängstigter Vogel, gefangen in einem
unsichtbaren Käfig aus Angst und Einschränkung, eingeschlossen von hohen
Mauern und unerreichbaren Gesichtern. Die Vorstellung, in der frischen Luft
Europas frei atmen zu können, war nicht nur ein Traum, es war eine lebens-
notwendige Hoffnung.

Die Unsicherheit, die mich in meiner Heimat verfolgte, hatte tiefe Wunden in
meiner Seele hinterlassen. Jedes Mal, wenn ein Alarm ertönte oder ein Schatten über den Boden huschte, suchte ich Schutz in der Dunkelheit, an Orten,
an denen mich niemand sehen konnte. Angst und Unruhe waren wie ständige
Schatten, die mich niemals losließen. Schlaf war ein ferner Luxus geworden.
Doch trotz allem wuchs mit jedem Schritt in Richtung der unbekannten
Grenzen die Vorstellung eines neuen Lebens in meinem Kopf. Der Schmerz
des Abschieds von meiner Heimat ließ mich jedoch nicht los. Die Verbundenheit zu diesem Land, das ich einst mein Zuhause nannte, fühlte sich an wie
unsichtbare Ketten, die mich zurückhielten. Mein Entschluss, alles hinter mir
zu lassen, war von Tränen des Abschieds begleitet, der mich tief im Innersten
traf.

Ich dachte oft darüber nach, dass jeder Mensch seine eigene Geschichte hat, voller Leid, Träume und Hoffnungen, die uns in neue Richtungen treiben. Würde auch ich Teil einer solchen Geschichte werden? Oder würde ich nur als eine vergessene Fußnote in den Geschichtsbüchern enden? Diese Gedanken begleiteten mich, während ich mich auf eine ungewisse Zukunft zubewegte.

Jedes Klopfen an der Tür ließ mein Herz schneller schlagen. Ich wusste nie, ob es ein Zeichen der Sicherheit war, oder ob es Gefahr bedeutete. Dieser ständige Zustand der Wachsamkeit war eine schwere Last auf meinen Schultern. Mein Alltag war zu einem Labyrinth aus Angst und Unsicherheit geworden, wo jede unerwartete Veränderung mein Leben ins Chaos stürzen konnte.

Schlaf – diese einfache, alltägliche Notwendigkeit – war für mich zu einer fernen Erinnerung geworden. Ich fühlte mich wie ein Gefangener, umgeben von unsichtbaren Mauern aus Angst, die mich immer weiter einengten. Nie wusste ich, wo ich den nächsten Tag verbringen würde oder ob ich jemals frei atmen könnte, ohne die ständige Angst vor Abschiebung.

Ich erinnere mich an den Tag, an dem ich ein kleines Restaurant betrat. Der Duft des Essens hatte mich angelockt. Vorsichtig setzte ich einen Fuß vor den anderen, als würde ich durch einen dunklen, gefährlichen Wald gehen. Als ich mich schließlich auf einen hölzernen Stuhl setzte, hatte ich das Gefühl, dass alle Augen auf mich gerichtet waren. Es war, als ob selbst die Wände des Restaurants meine Geschichte kannten.

Manchmal, wenn ich an der Küste stand und die Sonne warm am Himmel schien, spürte ich für einen Moment Freiheit. Die sanften Wellen, die den Strand küssten, gaben mir ein Gefühl von Frieden. Doch dieser Frieden war nie von Dauer. Sobald ich die Polizei sah, verschwand jede Freude, und die Schatten der Angst kehrten zurück.

Eines Nachts, als meine Geduld endgültig zu Ende war, fasste ich den Entschluss, alles hinter mir zu lassen. Ich verabschiedete mich von allem, was ich besaß; von den Wänden meines Zuhauses, die ich einst mit Träumen bemalt hatte. Ich ließ alles zurück und machte mich auf die Suche nach einem Neuanfang.

Mit Hilfe von Freunden, die diesen Weg vor mir gegangen waren, fand ich schließlich einen Schleuser, der mich von der Türkei nach Europa bringen sollte. Nach einer Einigung über die Kosten begann meine gefährliche Reise. Mit einem Herzen voller Angst und Hoffnung überwand ich meine erste große Hürde: Bulgarien.

Wir waren unaufhörlich in Bewegung. Wenn jemand aufgrund von Erschöpfung nicht mehr weiterlaufen konnte, griff der Anführer der Gruppe sofort ein. Mit brutalen Schlägen, Tritten oder manchmal sogar mit gezogenem Messer zwang er die Person, weiterzugehen. Während dieser erbarmungslosen Reise erklommen wir die Gipfel der hohen Berge Bulgariens und stiegen dann wieder über gefährliche, steinige Abhänge hinab. Innerhalb von 24 Stunden hatten wir höchstens drei Stunden Schlaf, und selbst diese kurze Zeit war von den Schmerzen überschattet, die jede Bewegung verursachte.

Manchmal, während wir gingen, übermannte uns die Erschöpfung so sehr, dass unsere Augenlider schwer wurden und sich unwillkürlich schlossen. Unter der glühenden Sonne Bulgariens, die wie Feuer auf unserer Haut brannte, ging unser Wasser allmählich zur Neige. Der Durst nahm uns die Kraft, und jeder Schritt wurde zu einem Kampf zwischen Hoffnung und Verzweiflung. Die Bäume und Felsen wurden zu stummen Zeugen unserer Einsamkeit, Erschöpfung und Schmerzen. Unter der sengenden Sonne setzten wir unseren Weg fort, gequält von einem tiefen, unerträglichen Durst. Mit jedem Schritt schien unsere Hoffnung immer mehr zu verblassen, doch wir mussten weitermachen. Es gab keinen anderen Weg.

Eines Nachts, mitten in der Dunkelheit, begann plötzlich ein heftiger Regen. Unsere Freude darüber war unbeschreiblich. Endlich konnten wir unsere ausgedörrten Kehlen benetzen. Es fühlte sich an, als ob neues Leben in uns einströmte. Der Regen stillte nicht nur unseren Durst, sondern gab uns auch die Möglichkeit, einen Vorrat für die bevorstehenden Tage anzulegen. Die Regentropfen liefen über unser Gesicht und weckten neue Energie. Doch unsere dünnen, verschwitzten Kleider wurden schnell durchnässt, und der kalte Wind drang durch jede Faser bis in unsere Knochen. In den Nächten, in denen wir in den Bergen schliefen, war die Kälte das Gegenteil der brennenden Hitze des Tages und durchdrang uns bis ins Mark. Zwischen der Freude über den Regen und dem Leid des Durchnässtseins tobte in unseren Herzen ein Sturm. In dieser Welt, in der Freude und Leid so eng miteinander verflochten waren, mussten wir lernen, weiterzugehen.

Nach zwei zermürbenden Tagen in den Bergen Bulgariens erreichten wir schließlich einen dunklen Wald. Mit seinen dicht verwobenen Bäumen glich er einem Labyrinth, die verschlungenen Äste und die Schatten der Bäume gaben uns das Gefühl, uns verirrt zu haben. Es herrschte eine erdrückende Stille, nur das Geräusch unserer Schritte und hin und wieder der Gesang von Vögeln, die sich in den Tiefen des Waldes versteckten, waren zu hören. Die natürliche Schönheit des Waldes hatte jedoch auch etwas Unheimliches. Je tiefer wir in den Wald vordrangen, desto klarer wurde, dass ein unkundiger Mensch hier keine Überlebenschance hätte. Die Pfade waren so verschlungen, dass ein Verirren selbst mit einer Karte unvermeidlich schien. Die Bäume standen so nah beieinander, dass sie jede Orientierung erschwerten, und die Hoffnungslosigkeit wuchs mit jedem Schritt.

Zwischen den Bäumen sahen wir plötzlich etwas Schreckliches. Die Überreste von Menschen lagen dort, zerfleischt von wilden Tieren. Die dort lagen, hatten ihre eigenen Geschichten gehabt. Vielleicht hatten sie Geschwister, mit denen sie in den Straßen spielten, oder eine Mutter, die an der Schwelle zu einem neuen Leben stand. Ihre Augen, die einst vor Leben strahlten, waren nun geschlossen, und ihre Körper lagen zwischen dem Laub auf dem blutgetränkten Boden. Dieser Wald war ein stummer Friedhof vergessener Träume und unerfüllter Hoffnungen.

Trotz aller Strapazen trieb uns die Angst vor dem Tod immer weiter. Einige aus unserer Gruppe verloren die Kraft, weiterzugehen, doch die Furcht vor dem Sterben zwang sie, weiter zu kämpfen. In der Dunkelheit des Waldes gingen Freunde verloren, die wir nie wiedergefunden haben. Die Erschöpfung ließ einige auf halber Strecke zusammenbrechen. Sie wurden auf Befehl des Anführers zurückgelassen. Niemand wagte, ihm zu widersprechen. Die Angst vor dem Tod saß so tief, dass wir nicht wagten, auch nur eine Frage zu stellen.

Die Menschen, die auf den dunklen und gefährlichen Pfaden des Menschenhandels arbeiteten, hatten kalte Gesichter ohne jede Spur von Mitgefühl oder Menschlichkeit. In ihren Augen waren Menschen nichts weiter als ein Mittel zum Zweck, eine Möglichkeit, Gewinn zu erzielen. Sie handelten wie seelenlose Maschinen, unbeeindruckt von dem Schmerz und Leid, das sie anderen zufügten.

Schließlich gingen unsere Nahrungsmittelvorräte vollständig zur Neige. Die Tage vergingen quälend langsam, und jeder von uns musste mit leerem Magen und gebrochenem Geist nach einer Möglichkeit suchen, weiterzuleben. Manchmal blieb uns nichts anderes übrig, als Gras zu essen, um zu überleben. Anfangs war das ein Schock. Der bittere Geruch und der scharfe Geschmack waren etwas, das keiner von uns je erlebt hatte. Aber wir hatten keine andere Wahl. In den dichten Wäldern, zwischen den dunklen Schatten, wurden die grünen, zarten Grashalme zu einem kleinen Hoffnungsschimmer für unser Überleben. Beim Sammeln dieser Gräser waren wir wie verzweifelte Jäger. Jedes einzelne Blatt Gras, das wir aßen, war ein Funken Hoffnung, der uns Kraft gab, weiterzugehen. In diesen Momenten war jeder Bissen Nahrung, den wir fanden, so wertvoll wie Gold.

Nach all den Strapazen erreichte ich schließlich das Camp Obrenovac in Serbien. Vier Monate musste ich dortbleiben, da meine Füße von den langen Märschen so schwer verletzt waren. Als ich wieder in der Lage war zu laufen, entschloss ich mich, meine Reise fortzusetzen und nach Bosnien zu gehen – in der Hoffnung, eines Tages Europa zu erreichen. Ich glaubte, die schlimmsten Probleme lägen hinter mir. Doch leider täuschte ich mich. An der berüchtigten Grenze zu Kroatien wurden meine Freunde und ich Opfer brutaler Gewalt.

In Bosnien verbrachte ich fast acht Monate im Camp Lipa. Es sollte ein Zufluchtsort sein, doch es fühlte sich eher wie ein Gefängnis an. Wir waren der brutalen Gewalt der kroatischen Grenzpolizei ausgesetzt. Was wir dort erlebten, verfolgt mich bis heute. Die Grenzer schlugen uns und nahmen uns alles, was wir noch bei uns hatten: Telefone, Geld, Rucksäcke und sogar unsere Jacken. Danach ließ man uns schutzlos in der eisigen Kälte des Winters zurück. Eine der grausamsten Szenen, die ich miterleben musste, ereignete sich mitten im Winter, als kroatische Polizisten Geflüchtete in das eiskalte Wasser des Flusses Una warfen, der die Grenze zwischen Kroatien und Bosnien markiert. Sogar Menschen, die nicht schwimmen konnten, wurden rücksichtslos hineingestoßen.
Die Angst und das Entsetzen, die ich in den Augen dieser Menschen sah, werde ich niemals vergessen. Während meiner Zeit im Camp Lipa sah ich viele Geflüchtete, die unter Knochenbrüchen und schweren Verletzungen litten – verursacht durch die brutale Gewalt der kroatischen Polizei. Jede

einzelne Wunde hatte ein Gesicht, einen Namen und eine Geschichte. Das Leid und die Verzweiflung, die durch diese sinnlose Gewalt hervorgerufen wurden, waren herzzerreißend. Oft fühlte ich mich völlig machtlos angesichts dieser Ungerechtigkeit.

Am Ende, mit schweren Gepäck voller Leid und Hoffnung, blicken wir dennoch zum Himmel und wünschen uns eine bessere Zukunft. Trotz all der Herausforderungen, der Erschöpfung und der Verzweiflung bleibt in unseren Herzen ein kleiner, aber leuchtender Funken Hoffnung, der uns weiter vorwärtstreibt. Wir sind nicht nur Geflüchtete, die nach Sicherheit und Frieden suchen. Wir sind auch Frauen und Männer mit bewegenden, oft schmerzvollen Geschichten und Träumen, die wir niemals aufgeben wollen. Liebe und Mitgefühl – wie die Freundschaften, die auf dieser Reise entstanden sind – erinnern uns daran, dass wir nie allein sind. Jede Wunde, die wir tragen, ist nicht nur ein Zeichen von Schmerz, sondern auch ein Symbol unserer Stärke, allen Widrigkeiten zu trotzen. Mit Mut und Entschlossenheit gehen wir unseren Weg weiter, in der Hoffnung auf eine Zukunft, in der wir als vollwertige und würdevolle Menschen leben können. Lasst uns gemeinsam diesen Weg gehen, zusammen singen und dem Licht entgegenblicken. Denn unser Zusammenhalt ist unsere größte Stärke.

Nach über einem Jahr voller Herausforderungen und Strapazen, nach dem Überwinden zahlreicher Grenzen und Hindernisse in Ländern wie Bulgarien, Bosnien, Kroatien, Slowenien, Italien und der Schweiz, erreichte ich endlich Deutschland. Ein tiefes Gefühl überwältigte mich, und Tränen liefen mir über die Wangen; dieses Mal waren es jedoch keine Tränen des Schmerzes, sondern Tränen der Freude. Denn endlich war mein lang gehegter Traum Wirklichkeit geworden:
In diesem Moment schaute ich zurück auf all die Situationen, die ich erlebt hatte, die guten und die schlechten. Ich war dankbar, dass ich am Leben war. Heimat bedeutet für jeden etwas Besonderes, und für mich war Deutschland meine neue Heimat. Ein Ort, an dem ich frei atmen konnte, ohne Angst, und wo ich ein gutes Leben führen konnte. Deutschland war für mich wie ein Tor zu einer neuen Welt. Die lebhaften Straßen, das Lachen der Kinder und der Duft von frischem, warmem Brot in den Bäckereien erfüllten mein Herz mit neuer Hoffnung. Hier wollte ich sein, wie ein Vogel, der seinen Käfig hinter sich gelassen und die Freiheit wiedergefunden hat. Jeder Atemzug fühlte sich

an wie ein Schritt in eine neue Welt; eine Welt, in der ich mich nicht mehr verstecken oder fliehen musste. Zum ersten Mal konnte ich ein normales Leben führen, so wie jeder andere Mensch auch. Ich konnte ein Restaurant besuchen und gutes Essen genießen. Beim Spazierengehen, sei es in den Straßen oder am Meer, waren Angst und Stress endlich verschwunden. Nach all der Zeit konnte ich die herbstliche Luft in Deutschland in vollen Zügen genießen; eine Luft, erfüllt vom goldenen Leuchten der Blätter, einer sanften Brise und dem beruhigenden Gesang der Vögel.

Als ich die Menschlichkeit und die Freundlichkeit der Deutschen gegenüber Geflüchteten erlebte, spürte ich, dass die Realität all meine Erwartungen bei Weitem übertraf. Diese Erfahrungen erfüllten mich mit tiefer Freude. Ich bin unendlich dankbar und glücklich, dass ich Deutschland als meine neue Heimat gewählt habe. Hier kann ich frei und ohne Angst leben, mit Frieden im Herzen. Ich fühle mich wieder als Teil einer Gemeinschaft, die mich wertschätzt und meine Träume respektiert. Hier, in Deutschland, beginnt für mich ein neues Kapitel, voller Hoffnung und Möglichkeiten.

Ich möchte diese Geschichte mit einem Zitat des großen persischen Dichters Saadi Shirazi beenden, der die Essenz menschlicher Verbundenheit so treffend beschreibt:

„Die Kinder Adams sind wie Glieder eines einzigen Körpers,
aus dem gleichen Wesen erschaffen.
Wenn ein Glied des Körpers Schmerz empfindet,
bleibt kein anderes Glied unberührt.
Wenn du das Leid anderer ignorierst,
verdienst du es nicht, ein Mensch genannt zu werden."

Vielen Dank, dass Sie mich auf dieser Reise begleitet haben. Ich hoffe, meine Geschichte hat Sie berührt und war eine kleine Erleichterung für Ihre Seele. Wenn diese Erzählung auch nur einen Funken Verständnis oder eine neue Perspektive auf Geflüchtete in Ihnen wecken konnte, dann weiß ich, dass es noch Hoffnung gibt. Lassen Sie uns zusammenstehen und gemeinsam für eine bessere Welt kämpfen.

Mit herzlichen Grüßen,
Ein einsamer Geflüchteter

Gulbaddin Hakimi,
Jahrgang 1994, wurde in Afghanistan geboren. Er hat
in Berlin einen Asylantrag gestellt und ist aktuell im
Ankunftszentrum Tegel untergebracht, wo er auf einen
Platz in einer Unterkunft wartet.

B.M. Ngare

Der Fall

An einem ganz gewöhnlichen Mittwochabend, dem 10. Juli, um 22:15 Uhr, summte plötzlich das Telefon in meiner Hand und ich erhielt eine Nachricht, die alles veränderte. „Lade die Signal-App herunter und ruf mich an." Zögernd, aber neugierig, folgte ich den Anweisungen. Kurz darauf rief meine damalige Chefin an. Sie weinte. Das hatte ich in den vier Jahren unserer Zusammenarbeit noch nie erlebt. Sie ist die stärkste Person, die ich kenne. Ihre Stimme zitterte, als sie herauswürgte: „Es tut mir leid ... es tut mir so leid ... ich habe alles getan, was ich konnte ... ich möchte, dass du weißt: Was auch immer passiert, ich werde dich immer lieben." Ich war fassungslos und dachte zuerst, es sei jemand gestorben oder meiner Familie zu Hause wäre etwas passiert. Sie wiederholte: „Es tut mir so leid, Zac. Ein Einsatzkommando der Polizei sucht nach dir. Sie haben Kopien von deinem Reisepass, dem Visum und dem Rückflugticket. Sobald du zu zurück bist, musst du dich bei der Polizei melden." Einen Moment fühlte ich mich wie taub. Meine Hände zitterten, als ich auf den halb aufgegessenen Teller vor mir starrte, und durch meinen Kopf rasten Bilder von Gefängnisgittern. Passierte das hier gerade wirklich? Die Wände schienen sich um mich zu schließen. Warum gerade ich? Womit hatte ich das verdient? Mein ganzes Leben, meine Zukunft, standen auf dem Spiel. Tränen traten mir in die Augen. Es war der schrecklichste Moment meines Lebens. Alles, woran ich denken konnte, waren die 30 Jahre, dich ich im Gefängnis verbringen würde. Danach hätte ich kein Leben mehr. Und wer weiß, ob ich diese Zelle jemals lebend verlassen würde. Tief in mir drin wusste ich, dies war ein Kampf, den ich verloren hatte, bevor er überhaupt begann.

Schon als Kind wusste ich immer, dass ich anders war. Aber alles, was ich wollte, war dazuzugehören. Einen Raum zu betreten und mich nicht wie ein Außenseiter zu fühlen. So akzeptiert zu werden, wie ich bin, ohne mich erklären oder verstecken zu müssen. Der Wunsch dazuzugehören, das ist mir jetzt klar, ist universell. Egal, ob man aus meinem Land oder aus Deutschland kommt, wir suchen alle ein Zuhause in den Herzen anderer. Ich erinnere mich, wie mein Bruder mich ständig fragte: „Warum redest du wie ein Mädchen?" Als ich in die Grundschule kam, verfolgten mich diese Fragen weiter – nur dass sie diesmal nicht nur von Klassenkameraden kamen, sondern sogar von Lehrern. Damals hörte ich zum ersten Mal das Wort „Shoga", eine Beleidigung auf Swahili, die „Schwuchtel" bedeutet. Jeder hatte seine Version derselben verletzenden Frage, aber die Absicht war immer eindeutig: Mobbing. Damals hatte ich keine Ahnung, was es überhaupt bedeutete, schwul zu sein. Ich konnte nicht verstehen, was sie in mir sahen oder warum ich nicht dazugehörte. Ich kannte nur den Schmerz. Jede Nacht fragte ich mich und Gott: „Warum ich? Warum bin ich anders? Was kann ich tun, um normal zu sein?" Ich wollte einfach nur dazugehören und nicht mehr für etwas ausgegrenzt werden, das ich nicht einmal verstand.

Das Mobbing hörte nach der Grundschule nicht auf. Oh nein, es verfolgte mich bis in die weiterführende Schule, und es wurde schlimmer. Meine Klassenlehrerin in all ihrer Weisheit bot an, mich ins Krankenhaus zu bringen. Warum? Sie dachte, ich bräuchte eine Hormonbehandlung! Ich hätte ein „hormonelles Ungleichgewicht", weswegen ich mich „wie ein Mädchen benahm", wie sie mir erklärte. Und sie hatte die Lösung. Nach der Operation würde sie mit mir beten, um mich zu „heilen" und wieder „normal" zu machen. Noch nie habe mich so gedemütigt gefühlt wie an diesem Tag. Ich lehnte höflich ab und sagte „Wenn Sie denken, dass etwas falsch daran ist, wie Gott mich geschaffen hat, dann ist es Gottes Aufgabe, das zu ändern, nicht Ihre. Vielleicht können Sie einfach Ihren eigenen Menschen erschaffen und ihn dann so korrigieren, wie Sie wollen."
In meinem Land sind LSBTIQ+ Personen schwerer rechtlicher und gesellschaftlicher Diskriminierung ausgesetzt, wobei gleichgeschlechtliche Beziehungen nach Gesetzen, die noch aus der Kolonialzeit stammen, kriminalisiert werden. Das kann lebenslange Haft bedeuten. Die Regierung hat diese Gesetze seit 2016 verstärkt durchgesetzt, was zu öffentlichen Razzien,

Verhaftungen und wachsender Angst innerhalb der LSBTIQ+-Gemeinschaft geführt hat. Menschenrechtsorganisationen wie Amnesty International und Human Rights Watch berichten, dass viele LSBTIQ+-Personen willkürlich verhaftet werden und bei Razzien oft Schikanen und Gewalt ausgesetzt sind. Trotzdem gibt es kaum zuverlässige Daten über homophobe Todesfälle oder die Gesamtzahl der Verhaftungen, denn aufgrund des gesellschaftlichen Tabus und der Angst vor Vergeltung werden diese Vorfälle häufig nicht entsprechend angezeigt. Darüber hinaus wird die Interessenvertretung von LSBTIQ+ stark eingeschränkt, Gesundheitsdienste und Outreach-Programme werden von der Regierung unterbunden, sodass die LSBTIQ+-Community immer weiter marginalisiert wird.

Meine eigenen Mobbing-Erfahrungen habe mich dazu gebracht, Empower Youth zu gründen, eine Organisation, die sich für LSBTIQ+-Rechte und Gleichberechtigung von Jugendlichen in meinem Land einsetzt. Wegen der Kriminalisierung solcher Aktivitäten müssen wir jedoch sehr unauffällig arbeiten. Ich baute ein Team von Menschen auf, die meine Vision teilten, und wir unterstützten uns gegenseitig. In dieser Zeit war ich vier Jahre lang Vollzeit-Programmleiter einer Stiftung und strebte stets danach, auch internationale Erfahrungen zu gewinnen. Deshalb bewarb ich mich für ein Austauschprogramm des Deutsch-Afrikanischen Jugendwerks (DAJW). Und ich hatte Glück: ich wurde für ein sechswöchiges Praktikum bei der Schwulenberatung Berlin angenommen.

Vom Ticketkauf bis zur Visabeantragung lief zunächst alles reibungslos, doch am Abend meiner Abreise nach Berlin änderte sich das. Am 14. Juni um 21:30 Uhr kam ich am Flughafen an, mein Flug ging um Mitternacht. Das Einchecken verlief reibungslos und ich wählte meinen bevorzugten Fensterplatz. Dann ging ich in den zweiten Stock zur Einreisekontrolle. Als ich mich dem Einwanderungsschalter näherte, begrüßte ich die Dame auf Suaheli mit „Shikamoo" und überreichte ihr meine ausgedruckte Einladung, die Hotelunterlagen, meinen Vertrag, meine Versicherung, meinen Reisepass mit Visum und andere Belege vom BMZ. Bevor sie diese auch nur anfasste, schaute sie mich voller Abscheu an, zeigte auf einen Polizisten in der Nähe und rief: „Nenda kule!" (Geh da rüber!) Ich fragte mich, was ich falsch gemacht hatte, aber ich befolgte ihre Anweisungen. Der Polizist fragte, warum ich zu ihm geschickt worden sei, und ich erklärte, dass ich das nicht wüsste. Dann begann er, meine Dokumente Seite für Seite zu prüfen. Obwohl alles in Ordnung war, begann er mich auszufragen, wer ich sei, wohin ich ginge und warum. Ich sagte ihm wahrheitsgemäß, dass ich für ein sechswöchiges Praktikum bei der AGYO nach Berlin ginge, wie in meinem Einladungsschreiben angegeben. Wegen der Homophobie meines Landes konnten wir die Schwulenberatung Berlin nicht als offiziellen Arbeitsplatz in Berlin erwähnen, weil sie mir sonst die Reise verweigert hätten.

Das Verhör ging weiter und er fragte: „Sind Sie Student?" Ich sagte nein, aber ich arbeite als Programmleiter bei einer NGO zur Stärkung der Frauen. Ich erklärte, dass ich vor vier Jahren als Kommunikationsbeauftragter angefangen hatte und nun für viele Projekte verantwortlich war, vom Verfassen von Anträgen bis zur Durchführung. Diese Projekte betrafen über 1.000 junge Mädchen und Frauen in fünf Regionen des Landes. Schließlich schien er überzeugt und fragte nach unserem Bürostandort, unserer Website und unseren Social-Media-Adressen, die ich ihm gab. Nach mehr als 45 Minuten verließ er den Raum, um den Einwanderungsbeamten zu konsultieren. Ich wurde immer nervöser, da der Boarding-Prozess bereits begonnen hatte. Nach 20 Minuten kam er zurück, gab mir meine Dokumente und ließ mich wieder in die Schlange einrücken, aber nicht ohne zuvor Fotos von meinem Reisepass, meinem Visum und sogar meinem Gesicht zu machen. Als ich wieder am Schalter war, stempelte die Dame schweigend meinen Reisepass ab und ich ging weiter zur Sicherheitskontrolle. Dort hielt mich ein anderer Polizist an und stellte erneut dieselben Fragen. Erschöpft antwortete ich höflich, überreichte ihm mein Einladungsschreiben und ließ ihn meine kleine Tasche kontrollieren. Schließlich ließ er mich gehen und ich eilte zum Gate. Glücklicherweise hatte der Flug eine Stunde Verspätung und ich hatte Zeit, mich hinzusetzen und über die Situation nachzudenken.

Gegen 20:45 Uhr landete ich in Berlin. Als ich aus dem Flugzeug stieg, war die Luft kühl und die Sommersonne schien trotz der späten Stunde und hüllte alles in ein goldenes Licht. Es fühlte sich surreal an, als würde ich eine neue Welt betreten, in der die Schatten meiner Vergangenheit mich nicht mehr erreichen konnten. Es war wunderschön. Die ersten zwei Wochen meines Praktikums gehörten zu den besten meines Lebens. Zum ersten Mal entdeckte ich, dass ein Zuhause mehr als ein Ort ist, es ist ein Gefühl. Das Gefühl, wirklich gesehen, akzeptiert und angenommen zu sein, ohne Angst vor Verurteilung zu haben. Zuhause ist der Ort, wo ich ganz ich selbst sein und frei atmen konnte. Bei der Schwulenberatung war ich von Menschen umgeben, die verstanden, was es bedeutete, wie ich zu sein. In meinem Land hatte ich immer Teile von mir verstecken müssen. Ich konnte meine Haare nicht färben wie ich wollte, Make-up tragen oder meine Nägel lackieren. Schon diese kleinen Handlungen fühlten sich gefährlich an. Doch auch wenn ich Teile von mir verbarg, sobald ich anfing zu sprechen, kam meine Wahrheit ans Licht, meine Identität, die ich nicht länger unterdrücken konnte.

Nachdem ich an jenem schicksalsträchtigen Mittwoch das Telefonat beendet hatte, das meinen Frieden zerstörte, war ich vor Angst wie gelähmt. Ich rief meinen Praktikumsleiter an und erklärte ihm weinend die Situation. Eine Rückkehr in mein Land war keine Option mehr, denn meine Chefin war wegen meiner sexuellen Identität drei Tage lang zu mehrstündigen Verhören vorgeladen worden. Falls ich mein Land wieder betrat, konnte ich direkt am Flughafen verhaftet oder gezwungen werden, mich zu stellen. Ich wusste, was mich dann erwartete: eine erniedrigende Analuntersuchung, die meine Sexualität „beweisen" sollte, gefolgt von einer 30-jährigen Gefängnisstrafe. Im Verhör wurde meine Chefin gefragt, warum sie mich überhaupt eingestellt hätte, obwohl sie doch wusste, dass ich schwul bin. Warum sie mir eine wichtige Position gegeben hätte. Ob sie sich bewusst sei, dass ihre Handlung die Schwulen im Land gestärkt hätte? Die Organisation, die ich in den letzten viereinhalb Jahren mit aufgebaut hatte, würde zerstört werden. Die vielen jungen Mädchen und Frauen, die wir wirtschaftlich gestärkt hatten, die Zweigstellen, die wir eröffnet hatten, all das würde geschlossen werden. Einfach, weil ich schwul war. Dann wurde sie vor eine unmögliche Wahl gestellt: mich feuern, und die Organisation würde verschont bleiben. Mich zu behalten, und die Behörden würden mich verhaften und alles schließen. Sie weinte am Telefon und fragte immer wieder: „Warum …? Warum muss das so sein?"

Ich konnte es nicht verstehen. Wo sollen Leute wie ich arbeiten? Ich hatte jeden Tag hart gearbeitet und war in meinem Leben noch nie verhaftet worden. Ich hatte meine Steuern bezahlt, mein Gehalt verdient und damit meine Familie unterstützt. Doch nichts davon schien zu zählen. Die Wochen nach dem Anruf war ich nur noch ein Schatten meiner selbst. Ich hatte zu große Angst, um WhatsApp zu benutzen, zu viel Angst, um in den sozialen Medien zu posten und aß und schlief kaum. Ab diesem Punkt schien nichts mehr eine Rolle zu spielen. Ich überlegte sogar, das Praktikum aufzugeben, denn was hatte das für einen Sinn? Wenn ich sowieso ins Gefängnis musste, konnte ich nicht gewinnen. Mein Leben war vorbei. Mit meiner Familie konnte ich nicht sprechen, sie hatten keine Ahnung, was ich durchmachte. Mein Praktikumsleiter, mein ehemaliger Chef und unser Partner in Hamburg arbeiteten unermüdlich daran, eine Lösung zu finden, vielleicht einen Studienplatz oder eine Praktikumsverlängerung zu bekommen, aber nichts schien in so kurzer Zeit möglich. Sie sagten mir immer wieder, ich solle geduldig sein, alles würde gut werden. Und dann führten sie mich schließlich in das Asylverfahren ein.

Es war ein heller Morgen, als ich im Ankunftszentrum in der Oranienburger Straße ankam. Ich ging durch die Sicherheitskontrolle, und mein Herz klopfte, als ich den Warteraum betrat. Um mich herum saßen zusammengekauert Familien aus der Türkei und Vietnam, einige mit kleinen Kindern. Andere kamen mit tränenerfüllten Gesichtern, zerrissenen Kleidern, einige mit sichtbaren Verletzungen. Als ich sie ansah, wurde mir klar, das wird jetzt mein Leben sein. Das Verfahren war lang und anstrengend und zog sich über zwei Tage hin. Aber am Ende war ich erleichtert. Mein Praktikumsleiter fand über Freunde ein Zimmer für mich außerhalb der Flüchtlingsunterkunft, und bald darauf meldete ich meine Adresse im Rathaus an. Damit begann mein neues Leben. Alles war so schnell gegangen. Ich hatte meinen Job, meine Freiheit und jede Chance auf eine Rückkehr in meine Heimat verloren. Trotzdem spürte ich einen Funken Hoffnung. Das Asylsystem hatte mir sowohl finanziell als auch emotional die nötige Unterstützung gegeben. Ich hatte sogar Zugang zu Therapiesitzungen, die mir halfen, die schwere Last meiner Erfahrungen zu verarbeiten und offen darüber zu sprechen, wer ich bin. Dies ist ein neues Kapitel in meinem Leben. Es fühlt sich an, als hätte ich alles verloren und müsste ganz von vorn anfangen. Aber so hart es auch ist, es ist besser als 30 Jahre Gefängnis, nur weil ich schwul bin. Wenn ich jetzt durch die Straßen Berlins gehe, muss ich mich nicht mehr umsehen aus Angst vor Verhaftung oder Angriffen. Ich warte immer noch darauf, dass mir Asyl gewährt wird, aber zum ersten Mal seit einer gefühlten Ewigkeit sehe ich einen Funken des Möglichen.

Meine Reise, ein „Zuhause" zu finden, ist noch nicht vorbei, aber ich habe gelernt, dass Zuhause nicht nur ein physischer Ort ist. Es ist der Ort, an dem man akzeptiert, geliebt und sicher ist. Ich wünsche mir eine Welt, in der jeder, unabhängig von seiner Identität, ein Zuhause finden kann, in dem er willkommen ist. In Berlin habe ich einen Ort gefunden, an dem ich endlich ich selbst sein kann, und dafür bin ich unendlich dankbar.

Übersetzung aus dem Englischen von Monika Hebbinghaus

B.M. Ngare,
Jahrgang 1997, wurde in Tansania geboren, wo er als
Aktivist für die Rechte von LSBTIQ+ und anderen
marginalisierten Gruppen eintrat. Mittlerweile lebt er
in Berlin und setzt sich weiterhin für die Rechte von
unterrepräsentierten Gruppen ein.

Nazlı Gezgin

Einem Gefühl folgen

Du bist erst Anfang zwanzig und glaubst, schon richtig erwachsen zu sein. Du hast den Studienplatz bekommen, den du dir am meisten gewünscht hast, an deiner Lieblingsuniversität in der Stadt, von der du immer geträumt hast. Rechtswissenschaftliche Fakultät der Universität Istanbul ... Dein Glaube an Gerechtigkeit ist noch stark. Du denkst, eine andere Welt ist möglich. Aber als du es am wenigsten erwartest, beginnt ein Albtraum. Auf diesem Weg, den du im Glauben an die Existenz einer gerechten Ordnung begonnen hast, wirst du damit konfrontiert, dass Gesetze willkürlich und ungerecht angewendet werden.

Aus dem Amtsblatt, das mitten in der Nacht veröffentlicht wird, erfährst du, dass du von deiner schönen Universität entlassen wurdest, wo du nach vielen Mühen zur wissenschaftlichen Mitarbeiterin gebracht hast. Ohne jedes Gerichtsverfahren wird dir verboten, das Land zu verlassen. Du darfst von nun an nie mehr in einem öffentlichen Amt arbeiten. Und obwohl deine Strafe bereits verhängt wurde, heißt es, dass „gegen diese Personen eine Untersuchung eingeleitet wird". Plötzlich wird dir klar: Ich bin doch noch klein, was könnte ich getan haben? Du wirst gezwungen, über Nacht erwachsen zu werden.

Man hat dich von heute auf morgen zum Gedankenverbrecher erklärt und eine Last erdrückt dich, die du kaum tragen kannst – wie Hunderttausende andere auch. Dir wird klar, dass du keine Wahl hast, als den Ort zu verlassen, von dem du dachtest, du könntest nirgendwo anders leben. Mit der Bürde, das Land illegal zu verlassen, obwohl du immer eine Bürgerin sein wolltest, die sich an Gesetze hält. Ohne dich von irgendjemandem verabschieden zu können. Ich riskiere den Tod, indem ich all meine Erinnerungen, Träume und Enttäuschungen in einen Rucksack packe und mich auf diesen unbekannten Weg mache. Ich folge einem Gefühl.

Mir fallen die Erzählungen meiner Großmutter ein, die als kleines Kind aus ihrer Heimat in die Türkei vertrieben wurde. Ich werde selbst zur Protagonistin dieser Geschichte, die gezwungen war, ihr ganzes Haus, ihren Hof, ihre Tiere und ihre Freunde in einen Koffer zu packen. Diesmal werde ich auf den europäischen Boden verbannt, den meine Großmutter ihre Heimat nannte. Ach, wie hätte sie um mich geweint, wenn sie noch lebte. Werde ich in Zukunft die Geschichte meines Exils meinen Enkelkindern als Märchen erzählen? Und was hat damals meine Großmutter empfunden? Hatte sie auch so viel Angst wie ich?

Während ich mir darüber Gedanken mache, finde ich mich in Berlin wieder, wohl weil mir der Satz aus Sanssouci „Es gibt Richter in Berlin" in den Hörsälen der Istanbuler juristischen Fakultät noch in den Ohren nachklingt.

Ich bin froh, dass ich noch am Leben bin. Ich habe diese lange, harte Reise überlebt. Ja, ich laufe endlich durch die Straßen Berlins. Ich atme tief ein, endlich, „Ich bin frei!" Mir ist zum Schreien zumute. Lieber Gott, ich bin in Sicherheit und laufe frei unter diesem wunderschönen, blauen Himmel. Ich versuche mich mit dem Gedanken zu trösten, dass man in der Heimat der Schokolade einfach glücklich sein muss. Ich lausche den Durchsagen in der U-Bahn mit dem bisschen Deutsch, das ich in der Schule gelernt habe. So viele verschiedene Menschen. Ich kann nicht unterscheiden, wer von hier ist, wer ein Einwanderer, wer ein Flüchtling. Was für ein kosmopolitischer Ort, sage ich mir. Ich empfinde freudige Aufregung und Neugierde. Ich melde mich sofort für einen Deutschkurs an.

Deutsch war immerhin in der Oberschule meine zweite Fremdsprache, geht mir durch den Kopf, ich kann mich also relativ glücklich schätzen. Plötzlich ertönt die Stimme des Lehrers „Hast du verstanden?" in meinen Ohren. Ich werde mit der Tatsache konfrontiert, dass ich so wenig Deutsch kann, dass ich nicht einmal verstehe, was „Hast du verstanden" bedeutet. Dann kommt ein anderer Lehrer und ich lerne die Distanzregeln: Wie viel Abstand muss zwischen mir und meinem Gegenüber sein, je nach Person und Situation.

Später wird mir klar, dass solche Themen, mit denen ich zunächst nichts anfangen konnte, dazu dienen, Neuankömmlinge zu „erziehen". Später werde ich gescholten, weil ich glaube, auf dem Bürgersteig zu laufen, und muss fest-stellen, dass es sich um einen Fahrradweg handelt. Wie viele Regeln es hier gibt! Aber aus irgendeinem Grund muss ich diese Regeln lernen, indem ich gescholten werde. Würden sie sich nicht besser einprägen, wenn man eine freundliche Sprache verwenden würde?

Meine anfängliche Euphorie wird allmählich abgelöst von der Konfrontation mit dem, was ich verloren habe. Mein Nachbar sagt etwas über Mülltrennung, ich antworte auf Englisch und bekomme das berühmte Kopfschütteln als Antwort. Er ist offensichtlich verärgert, dass ich kein Deutsch spreche. Dieses Mal kann ich wenigstens sagen: „Ich verstehe nicht." Später hadere ich mit mir: „Du hättest dies oder das erwidern können." Ich möchte zu meinem Nachbarn gehen und sagen: „Ich bin nicht dumm, ich bin nur neu hier und lerne noch", aber irgendetwas hält mich zurück. Ich frage mich, welchen Abstand ich zu meinem Nachbarn halten, ob ich „Sie" oder „Du" sagen soll, schließlich beschließe ich, es einfach zu vergessen.

Trotzdem drehe ich weiter meine Runden in Berlin. Ich folge einem Gefühl. Ich komme in Kreuzberg an, auch Klein-Istanbul genannt. In der Tat ist es nicht klar, ob ich am Kotti oder in Istanbul bin, auf der einen Seite „Mısır Çarşısı", auf der anderen „İstanbul Supermarkt". Nachdem ich das Gebäude mit der Aufschrift „Kreuzberg Merkezi" fotografiert habe, tauche ich in die Seitenstraßen ein und stoße auf ein Gebäude, das mit den Suffixen unserer schönen türkischen Sprache im Perfekt verziert ist. Ich erfahre, dass dies die Installation „Am Haus" der Künstlerin Ayşe Erkmen sei. Türkisch ist keine leichte Sprache, denkt man, wenn man darauf schaut. Apropos Haus, wo ist mein Zuhause? Wie war es, sich „zu Hause" zu fühlen?

Ich ziehe durch die Gassen und stoße auf ein Schild an einer Kneipe: „Niemand flieht ohne Grund". Gerade wollte ich mich sammeln, da gerate ich wieder durcheinander und fange an, über meine eigenen Gründe nachzudenken. Warum bin ich geflohen? Wäre vielleicht auch etwas anderes möglich gewe-sen? Einerseits sind da die unaufhörlichen Nachrichten von Entlassungen, Verhaftungen und Folterungen, die ich jeden Tag erhalte, andererseits ist da die Taubheit in meinem Herzen. Ich schaue zum Himmel auf und danke dafür, dass ich frei bin.

Ich werde hungrig und gehe in ein Restaurant. Diesmal sehe ich die Moschee Büyük Mecidiye Camii vor mir, die jeder unter dem Namen Ortaköy-Moschee kennt. Ich bestelle Izmir-Köfte und Ayran. Mit Blick auf den Bosporus denke ich erneut, wie sehr sich das türkische Essen hier vom Essen in der Türkei unterscheidet. Es schmeckt vertraut und doch so anders.

Ich steige in die U-Bahn, die ich inzwischen auch „U-Bahn" nenne, wenn ich Türkisch spreche, und bin froh, dass ich die Namen der Haltestellen kenne. Ich steige an der Haltestelle Johannisthaler Chaussee aus, ein Straßenmusiker spielt „Ach, seitdem es Istanbul gibt" auf der Klarinette. Wieder habe ich das Gefühl, etwas verloren zu haben, gerade als ich denke, dass ich es gefunden habe. Ich falle wieder hin, als ich denke, dass ich aufstehe, und auf dem Rückweg schaue ich beim deutschen Supermarkt vorbei. Ich werfe einen Blick auf die Obst- und Gemüseregale und entdecke Feigen. „Bursa, Türkei" steht darauf, die Stadt, in der ich geboren wurde. Ich esse die Feigen, die ich normalerweise nicht mag, mit Tränen in den Augen.
Das Problem liegt wohl darin, dass ich in Gegenden unterwegs bin, in denen viele Einwanderer leben, denke ich, und mache mich auf den Weg nach Wannsee. Und siehe da: Fähren. Ich nehme die Fähre nach Kladow. Ich erinnere mich an die Üsküdar-Fähre, meine Augen füllen sich mit Tränen. Ach, denke ich, jetzt hätte ich gerne einen Simit und einen starken Tee. Ich versinke in den Anblick der Wellen und träume vom Bosporus. Als ich aussteige, beschließe ich, mich in einen Biergarten zu setzen und die Apfelschorle zu probieren, die ich bei einem deutschen Freund gesehen habe. Obwohl sie mir schmeckt, geht mir durch den Kopf, dass ich vor diesem Seeblick lieber in einem Teegarten in Istanbul sitzen würde.

Es ist Herbst und ich gehe in den Tiergarten, Berlins größten Stadtpark. Mit dem Lied „Herbst in Istanbul" von Teoman im Ohr gebe ich mich dem Farbenrausch der Blätter hin. Ich folge einem Gefühl. Boote fahren auf dem See vorbei, wie romantisch, sage ich mir. Die Madonna im Pelzmantel fällt mir ein. Unwillkürlich frage ich mich, wie einsam Sabahattin Ali in Berlin wohl war. Wie sehr der Herbst zu Berlin passt!

Tage, Wochen, Monate, Jahreszeiten jagen einander, es wird Winter. Ich beginne zu recherchieren, wie die Deutschen in diesen langen, sonnenlosen

Wintertagen überleben, die mir fremd sind und mich irgendwie in Depressionen stürzen. Zuerst muss ich mich aufwärmen, also kaufe ich mir einen Tee-Adventskalender. Ja, ich trinke nicht mehr nur schwarzen Tee. Ich öffne jeden Tag eine Tür, indem ich sage, dass ich offen für Neues sein muss. Ich hänge ein Licht ans Fenster, damit mein Inneres leuchtet. Am Nikolaustag stelle ich fest, dass ich mit Spannung darauf warte, ob ich Schokolade in meinen Stiefeln finden werde. Nun, da es im Winter nicht viel zu tun gibt, gehe ich mit Freunden auf den Weihnachtsmarkt in Rixdorf. Ja, ich habe jetzt Freunde. Wir überlegen, vielleicht Flammlachs-Brötchen zu probieren, schlendern mit den bei türkischen Tanten gekauften Köfte-Broten an den Ständen vorbei. Ich kaufe irgendwo einen Kinderpunsch und merke, dass lange, kalte und sogar sonnenlose Wintertage auch bunt sein können. Fühle ich mich seltsamerweise besser?

Ein paar Monate vergehen, und mein Lieblingsmonat „Ramadan" kommt. Diesmal gibt es in meiner Umgebung fast niemanden, der fastet, und ich ertappe mich dabei, wie ich meinen Freunden, die mich irgendwie mitleidig ansehen, erkläre, dass „es gut für mich ist und ich daran gewöhnt bin". Meine Einsamkeit lässt mich innerlich zittern. Früher habe ich jeden Tag eine Einladung zum Fastenbrechen erhalten und bin von einem Ort zum anderen gezogen, denke ich betrübt. Schließlich finde ich den Ausweg, mich mit meinen fastenden Freunden zum Fastenbrechen zu treffen, um meine Einsamkeit zu lindern, die sich nicht wirklich teilen lässt. Dann kommt doch eine Einladung zum Fastenbrechen: „Iftar in der Kirche". Erst bin ich überrascht, wie jetzt, soll ich mit Menschen aus anderen Religionen das Fasten brechen? Doch als ich da bin, merke ich, wie schön es ist, dass wir hier alle zusammen sind. Ich entdecke ein unbekanntes, besonderes Gefühl im Berliner Ramadan.

Je mehr ich diese Stadt erkunde, je mehr ich mich auf die Straßen begebe, je mehr ich neue Geschichten sammle, desto mehr fühle ich, dass ich mich an diesen Ort gewöhne, und folge diesem Gefühl. Ich folge der Spur dieses Gefühls, das ich in meinem schönen Istanbul zurücklassen musste, und nehme in Kauf, auf diesem Weg zu stolpern und hinzufallen. Diesmal finde ich mich im Literaturhaus wieder. Vielleicht bin ich auf der Suche nach dem Mädchen, das ich im Literatur-Café in Sultanahmet zurückgelassen habe. Aber statt Kazandibi und Tee bestelle ich hier Caffè Crema und meinen geliebten

Apfelstrudel. Ich blättere in dem Buch „Istanbuler Miniaturen", das ich zu meiner großen Freude auf dem Flohmarkt vor der Humboldt-Universität gefunden habe und mache mir Notizen in meinem kleinen Notizbuch ...

„Was ist Heimat? Der Ort, an dem ich geboren wurde, oder an dem ich satt werde? Ein Stück Land oder ein Gefühl? Kann ich diesen Ort, an dem ich frei sein kann und mich sicher fühle, als Heimat bezeichnen? Kann ich mich zu Hause fühlen, wenn ich Tausende Kilometer von meinen Liebsten entfernt bin? Kann ich mich an diesen Ort gewöhnen, während die Sehnsucht in mir flattert wie ein Vogel, der nie aufhört zu klagen? Kann ich die Sorge ablegen, dass der Tag kommt, an dem ich wieder all meine Erinnerungen, Träume und Enttäuschungen in einen Rucksack packen und diese Stadt verlassen muss? Werde ich lernen, mit dieser großen Sehnsucht in mir zu leben, wenn ich mich allmählich an immer vertrautere Stimmen gewöhne, an Gesichter und Straßen, von denen ich jetzt weiß, wo sie hinführen? Wenn ich immer mehr Sätze über „mein schönes Berlin" bilde, wenn ich neue Freunde gewinne, die ich als meine Familie betrachten kann, dann wird die Taubheit in mir vielleicht durch etwas anderes ersetzt, etwas, das ich vorher nicht kannte, aber jetzt entdeckt habe. Mit all meinen Enttäuschungen und Hoffnungen werde ich diesem Gefühl folgen."

Übersetzung aus dem Türkischen: Recai Hallaç

Nazlı Gezgin,
Jahrgang 1992, wurde in der Türkei geboren und ist
2017 nach Berlin geflüchtet. Das Schreiben ist für sie
zu einem Werkzeug geworden, sich mit den Dingen
auseinanderzusetzen, die sie in der Türkei zurückge-
lassen und in Deutschland gefunden hat. Sie träumt
davon, ihre Geschichten eines Tages in Buchform zu
veröffentlichen.

Mostafa Ismail Mohamed

Barrierefrei

Ich bin in einer liebevollen Familie aufgewachsen, neben meinen Eltern gibt es drei Kinder. Ich bin das jüngste meiner Geschwister – mein Bruder ist 35 Jahre alt, meine Schwester 33.

Meine Kindheit war wie die vieler anderer Kinder – erfüllt von Freude und kleinen Träumen. Ich entdeckte früh meine Leidenschaft für Fußball und Sport. Doch das Schicksal hatte andere Pläne für mich. Bis zu meinem zwölften Lebensjahr war alles gut. Dann begannen plötzlich starke Rückenschmerzen, und die Ärzte entdeckten einen Tumor in meiner Wirbelsäule. Diese Nachricht war ein Schock für meine Familie und mich. Obwohl ich noch sehr jung war, hatte ich zum ersten Mal in meinem Leben echte Angst. 2012 wurde ich operiert.

Nach der Operation schien sich mein Gesundheitszustand zu verbessern. Ich begann, wieder normal zu leben, zu lernen und Sport zu treiben. Doch fast ein Jahr später traten Komplikationen auf: Eine Krümmung in der Wirbelsäule, wo der Tumor entfernt worden war, verursachte neue Probleme.

Vergeblich versuchte ich, die Situation mit Physiotherapie in den Griff zu bekommen, um einer zweiten Operation zu entgehen. Doch die Krümmung nahm mit der Zeit zu, und meine Beweglichkeit, vor allem beim Gehen, war zunehmend eingeschränkt. Schließlich blieb mir keine Wahl, als mich einer zweiten Operation zu unterziehen, um die Wirbelsäule zu begradigen. Leider führte ein medizinischer Fehler während der Operation zu einer dauerhaften Querschnittslähmung.

Es folgten mehr als sieben weitere Operationen, alle erfolglos. Alle fanden in Ägypten statt. Schließlich kam ich 2015 nach Deutschland und wurde an der Charité in Berlin operiert. Die Wirbelsäule konnte begradigt werden, aber die Lähmung blieb bestehen. 2021 und 2022 musste ich mich aufgrund von Komplikationen an der Blase und erneut an der Wirbelsäule weiteren Eingriffen unterziehen.

Die Ärzte sagten mir, dass ich nach all diesen Jahren und Operationen keine weiteren Eingriffe mehr benötige. Der lange Weg der medizinischen Behandlungen war zu Ende. Doch leider ist mein Leben erheblich beeinträchtigt. Seit der Verletzung 2012 war alles kompliziert, besonders weil ich auf den Rollstuhl angewiesen war.

Zu Beginn war es schwer, mich an meine neue Situation zu gewöhnen. Doch ich lernte, mich auf mich selbst zu verlassen – mich selbstständig fortzubewegen, Autofahren zu lernen und alleine auszugehen. Trotz der vielen Herausforderungen, denen ich in meinem Heimatland aufgrund meiner Behinderung und Andersartigkeit begegnete, gab ich nicht auf. Es war meine Familie, besonders meine Mutter, die mich unterstützte und mir half, mein Abitur zu machen. Ohne sie wäre das nicht möglich gewesen.

Nach dem Abitur versuchte ich, an der Universität zu studieren. In Ägypten ist es jedoch extrem schwierig, mit einem Rollstuhl unterwegs zu sein. Die Infrastruktur für Menschen mit Behinderungen ist praktisch nicht vorhanden. Die Straßen, die Verkehrsmittel und die Universitäten sind schlichtweg nicht auf die Bedürfnisse von Menschen wie mir ausgerichtet. Doch ich gab nicht auf und schrieb mich an der Fakultät für Betriebswirtschaft der Ain-Shams-Universität ein. Zwei Jahre lang kämpfte ich mich durch, aber schließlich musste ich aufgeben. Die Schwierigkeiten waren größer, als ich erwartet hatte. Es gab weder barrierefreie Gebäude noch einen respektvollen Umgang in der Gesellschaft. In Ägypten wird man häufig mit Mitleid und Verwunderung betrachtet – eine Haltung, die mich zunehmend belastete. Schließlich verlies ich die Universität.

Einige Jahre lang versuchte ich, einen Job zu finden. Ich konnte mit Computern umgehen und sprach Englisch. Doch auch hier stieß ich auf Hindernisse. Es gab keine Arbeitgeber in Ägypten, die bereit waren, jemanden mit einer Mobilitätsbehinderung einzustellen.

Dann eröffnete Amazon eine Filiale in Kairo. Es war das erste Unternehmen, das sich für die Integration von Menschen mit Behinderungen einsetzte – das Gebäude war barrierefrei. Ich bewarb mich und wurde eingestellt. Ich arbeitete hart und wurde schließlich zum Manager befördert. Doch die täglichen Herausforderungen blieben. Es gab keine geeigneten Verkehrsmittel für Rollstuhlfahrer, und mit einem Gehalt von 120 Euro konnte ich mir kein behindertengerechtes Auto leisten. Also blieb mir nichts anderes übrig, als die Stelle aufzugeben.

2015 erfuhr ich dann von den Möglichkeiten, die Deutschland für Menschen mit Behinderungen bietet. Hier gibt es barrierefreie Straßen und Verkehrsmittel, die es einem ermöglichen, ein selbstbestimmtes Leben zu führen. Die Gesellschaft akzeptiert Menschen wie mich, ohne sie zu diskriminieren – im Gegensatz zu Ägypten, wo ich stets unter meiner Behinderung und der damit verbundenen Ausgrenzung litt. Ich wünschte, Ägypten würde Menschen mit Behinderungen die Unterstützung bieten, die Deutschland bereithält. In Deutschland kann ich mich auf mich selbst verlassen, produktiv sein und ein normales Leben führen. Hier fühle ich mich respektiert, unabhängig und kann meine Ausbildung fortsetzen – Dinge, die in Ägypten für mich nicht möglich waren.

Nach neun Monaten in Deutschland habe ich mich gut in die Gesellschaft integriert. Ich warte nun auf die Anerkennung meines Asylantrags. In der Zwischenzeit habe ich das B1-Niveau in der deutschen Sprache erreicht und leiste freiwillige Arbeit. Die Menschen im Heim sind freundlich und hilfsbereit. Ich kann mich leicht und selbstständig bewegen, überall mit öffentlichen Verkehrsmitteln hinfahren und meinen Traum verwirklichen – das Fach zu studieren, das ich schon immer wollte.

In Deutschland fühle ich mich endlich als unabhängige Person, die sich auf sich selbst verlassen kann. Hier respektiert man meine Andersartigkeit, und ich kann meinen Hobbys nachgehen – Musik machen, Sprachen lernen und am Computer spielen. Auch wenn ich viel Zeit am Computer verbringe, hindert mich das nicht daran, neue Freundschaften zu schließen.

Übersetzung aus dem Arabischen von Mustafa Al-Slaiman

Mostafa Ismail Mohamed,
Jahrgang 1998, wurde in Ägypten geboren und lebt
seit 2024 in Berlin. Er lernt gern fremde Sprachen,
spielt Videospiele und mag es, neue Menschen
kennenzulernen.

Ahmed Al Mohammed

Nada

Wir kamen an einem kalten Abend in Berlin an. Ich trug meine vierjährige Tochter Nada in meinen Armen. Sie umarmte mich mit ihren kleinen Händen, als ob sie sich an der Sicherheit festhielt, die uns verloren gegangen war. Meine Frau lief neben mir, ihre Schritte langsam und schwer, ihre Augen voller Sorgen und Fragen, auf die ich keine Antworten hatte. Sie hielt eine kleine Tasche, die alles war, was uns noch von unserem früheren Leben geblieben war.

Wir hatten unser Land hinter uns gelassen, unsere Heimat verlassen, die einst unsere ganze Welt war. Wir hatten unser Haus zurückgelassen, das wir liebten und Wände, die unser Lachen und unsere glücklichen Tage beherbergten. Wir suchten nach einem Neuanfang, einem Haus, in dem wir unser Leben neu ordnen und einen sicheren Ort für Nada schaffen konnten, an dem sie ohne Angst aufwachsen könnte.

Ich werde jene Nacht nie vergessen, die alles veränderte. Das Geräusch der Explosionen kam immer näher und Rauch erfüllte die Luft. Ich hielt Nada fest in meinen Armen und versuchte sie und ihre Kindheit zu beschützen. Ich spürte, wie sie sich an meine Brust schmiegte, wie eine kleine Blume, die sich vor einem gewaltigen Sturm schützt, der einen kein Morgen mehr erwarten lässt.

Wir verließen unser Zuhause ohne Abschied, ohne einen letzten Blick auf das Haus, das uns beherbergt hatte, das für uns Heimat war. Ich wusste, dass dies nicht das Ende war, aber in diesem Moment fühlte es sich so an, als hätten wir alles verloren. Ich sagte mir: Alles, was ich jetzt will, ist ein sicherer Ort, wo ich meiner Tochter sagen kann: „Dies ist dein Zuhause, Nada. Hier wirst du sicher leben, ohne Angst."

Berlin empfing uns im Winter mit Schweigen in kalten Straßen. In den Asylzentren versuchten wir, aus Nichts ein Leben zu schaffen. Die Zimmer waren
eng und grau und die Tage lang. Ich beobachtete Nada, wie sie versuchte zu
spielen. Sie hatte eine kleine Puppe, die aus Stoff gemacht war und unterhielt
sich mit ihr in ihrer ganz eigenen Sprache. Meine Frau hingegen versuchte
ihren Schmerz zu verbergen. Sie saß oft stundenlang schweigend, dann nahm
sie ein Buch, um neue deutsche Wörter zu lernen, als ob sie die Verzweiflung
bekämpfen wollte, indem sie sich auf die Zukunft vorbereitete. Ich sah sie
manchmal auf Nada blicken, die friedlich schlief, während sie gegen ihre Tränen kämpfte und versuchte, für uns alle stark zu sein.

Doch der Weg zum eigenen Heim war nicht einfach. Berlin war voll mit großen Gebäuden und jede Tür, an die wir klopften, schien uns abweisen zu
wollen. Jedes Mal, wenn wir eine negative Antwort erhielten, schwankten
unsere Gefühle zwischen Entmutigung und Verzweiflung.
Ich hielt Nada an der Hand und sagte zu ihr: „Bald werden wir unser Zuhause
finden, kleine Prinzessin." Doch tief in mir fühlte ich mich vollständig
hilflos.
Wir saßen vor vielen Büros, füllten Formulare aus, warteten auf Briefe oder
Anrufe, während die Zeit verging. Unsere Zimmer in den Asylzentren wurden immer enger und enger. Jedes Mal, wenn ich hörte: „Es tut uns leid, die
Wohnung ist nicht verfügbar!", versiegte der Quell der Hoffnung in mir
immer, immer mehr.
Ich beobachtete Nada, die auf einem Blatt Papier ein kleines Haus malte, und
sagte mir: „Ich werde nicht aufgeben, ich werde dieses Zuhause für sie finden,
egal wie lange es dauert."

Wir warteten und warteten. Es vergingen viele schlaflose Nächte. Es kreiste
das Leben um uns herum, schien schneller und schneller zu werden, doch
unseres schien still zu stehen.
Doch dann kam der Tag, der uns ein neues Leben schenkte. Ich erhielt einen
Anruf vom zuständigen Büro: „Wir haben eine Wohnung für Sie." Für einen
Moment fühlte es sich an, als könnte ich nicht atmen. Die Worte schienen
einfach, aber wogen so viel mehr. Sie nahmen uns all den Schmerz, den wir bis
dahin erfahren hatten. Ich erzählte es meiner Frau, die vor Freude in Tränen
ausbrach. Und Nada, die neben uns spielte und das Gespräch hörte, rannte auf

mich zu und fragte: „Papa, haben wir jetzt ein Zuhause?" Ich beugte mich zu ihr hinunter und sagte mit einem Lächeln: „Ja, Nada, wir haben ein neues Zuhause." Sie sprang vor Freude auf und wiederholte immer wieder: „Endlich, endlich gehen wir nach Hause!"

Als wir die Tür unseres neuen Heimes öffneten, fühlte es sich an, als öffneten wir die Tür zu einer neuen Welt. Nada rannte hinein, hüpfte von Zimmer zu Zimmer, lachte und sang wie ein kleiner Schmetterling, der endlich seinen versprochenen Garten gefunden hatte. Sie sagte mit erstaunter Stimme: „Ist das unser Zuhause, Papa?" – als wollte sie sich vergewissern, dass es kein Traum war. Ich antwortete: „Ja, meine Kleine, das ist unser Zuhause." In diesem Moment wusste ich, dass die Tür zu unserer Wohnung, die Tür zu einem neuen Leben war.

Endlich breitete sich innerer Frieden in mir aus. Hier würde Nada nicht mehr vor Explosionen Angst haben müssen und sie würde nicht mehr nur auf einer kalten Decke schlafen müssen. Hier würde ihre Kindheit von Neuem beginnen können.

Ein Jahr war seit unserem Einzug vergangen. Wir hatten Deutsch gelernt durch Kurse, die in einem nahegelegenen Zentrum angeboten wurden, aber wir fühlten, dass wir nun etwas Sinnstiftendes erschaffen sollten. Wir wollten nicht einfach nur ewig Fremde sein, die warteten; wir wollten unser Leben neu beginnen, etwas Greifbares aufbauen, uns eine Heimat schaffen.
Nach langem Überlegen beschlossen wir, eine kleine Bäckerei in dem Viertel zu eröffnen,wo wir wohnten. Dieses Projekt war ein mutiger Schritt in die Zukunft, der unsere persönlichen Ambitionen und unsere Träume verband, ein neues Leben aufzubauen. Meine Frau übernahm die Aufgabe, das Brot zu backen, denn das Backen war ihr außergewöhnliches Talent. Die Bäckerei wurde schnell im Viertel bekannt. Jedes Stück Brot war nicht nur Brot, sondern erzählte eine Geschichte der Herausforderungen, die wir überwunden hatten.

Mit der Zeit wurde die Bäckerei mehr als nur eine Einkommensquelle; sie wurde eine Brücke, die uns mit dem Viertel und der Gemeinschaft verband, in der wir lebten. Die Kunden kamen aus verschiedenen Orten, lächelten und genossen das Gebäck, das unsere Heimat widerspiegelte. Es war ein Symbol für unseren Willen, unsere Ambitionen und unsere Fähigkeit, wieder aufzustehen.

Was Nada betraf, sie begann einen Kindergarten zu besuchen, der nur wenige Schritte von unserem Haus entfernt war. Jeden Morgen sah ich sie, wie sie ihre kleine Tasche trug und ihren Freunden entgegenlief. Ihr Lachen erfüllte den Ort, und mit der Zeit kannte sie jede Ecke der Nachbarschaft, und sie hatte ihre eigene Welt, die mit jedem Tag weiterwuchs. Ihre unschuldigen Augen spiegelten das Glück wider, das uns die Kraft gab, weiterzumachen.

Rückblickend war der Erhalt unserer Wohnung der Wendepunkt zum Glück. Es war der Moment, ab dem wir neu starteten. Als wir zum ersten Mal die Wohnungstür öffneten, fühlte es sich an, als öffneten wir Türen zu neuen Chancen. Das Haus war nicht nur ein Ort zum Leben, sondern der Beginn einer neuen Reise, ein Ausgangspunkt in Richtung Hoffnung und Zukunft, von der wir immer geträumt hatten. In diesem Moment fühlten wir, dass wir einen Ort gefunden hatten, an dem wir neu beginnen konnten, der in seinen Wänden Trost und Frieden trug. Diese Wände waren wie die Umarmung, die uns die Sicherheit gaben, uns der Zukunft zu stellen. Die Härte unseres bisherigen Lebens hat uns die Möglichkeit gegeben, wahre Dankbarkeit zu empfinden. Heute sind wir stärker und fähiger, unserer Zukunft zu begegnen.

Ahmed Al Mohammed,
Jahrgang 1989, wurde in Syrien geboren. Nach einem
Studium der Arabistik arbeitete er als Lehrer. In seiner
Freizeit schreibt er, um seine Gedanken und Erfah-
rungen festzuhalten.

Iryna Gindina

Fast eine wahre Geschichte

Stasia kam der Liebe wegen nach Deutschland. Sie zog mit ihrer Mutter von Charkiw nach Polen. Dort lernte sie einen attraktiven Mann namens Konrad kennen, der sie in sein Leben einlud.

In ihrem neuen Leben gab es jedoch keinen Platz für ihre Mutter, und die Frischvermählten brachten die Frau zu seinem Vater Gunter, der nach dem Tod seiner Frau allein in einem großen Haus mit einem malerischen Garten am Stadtrand von Berlin lebte. In dem Haus war alles noch so, wie es zu Lebzeiten der Ehefrau gewesen war. Ihre Hüte, Kleider, Taschen und Schirme lagen noch immer im Schrank im Hausflur. Das Parfüm stand auf dem Schminktisch. Jeden Tag atmete er diesen Duft ein, und für einen Moment schien es, als sei sie in der Nähe. Im Laufe der Jahre gewöhnte sich Gunter daran, allein zu leben. Er fand es bequem, dass er sich mit niemandem arrangieren musste. Deshalb empfand er das Eindringen einer ukrainischen Frau namens Olga Iwanowna in seine Existenz als Katastrophe und hoffte nur, dass es nicht lange dauern würde …

Olga Iwanowna. Sie ist 67 Jahre alt. Sie war sehr glücklich in ihrer Ehe. Sie erhielt all die Zärtlichkeit, Fürsorge und Bewunderung, die sie als geliebte Frau verdiente. Mit der Geburt von Stasia wuchs die Familie noch enger zusammen. Und sie lebten in der schönsten Stadt der Welt – Charkiw. Sie wuchsen in sie hinein mit ihren Erinnerungen, den Gräbern ihrer Verwandten, der Gegenwart und der Hoffnung auf die Zukunft.

Das Vorkriegs-Charkiw entwickelte sich rasant und war voller junger Gesichter. Während der gesamten Zeit nach ihrer Flucht gab es keinen Tag, an dem Olga Iwanowna nicht ihr Zuhause, den gemütlichen Schewtschenko-Garten, die Sumy-Straße, die unglaubliche Beleuchtung auf dem Freiheitsplatz und ihre Besuche in ihren Lieblingstheatern, Museen und gemütlichen Cafés vermisste.

Kurz vor Kriegsbeginn starb ihr Mann. Er war krank und hatte Schmerzen, also ließ sie ihn gehen. Sie war traurig, aber sie ließ ihn gehen, weil es eine Erlösung von seinen Qualen war.

Sie glaubte nicht, dass ein Krieg ausbrechen könnte.

„Ich habe Verwandte in Russland, viele Freunde, die oft zu Besuch kamen. Ihnen gefiel alles bei uns – das Essen, die günstigen Preise, die freundlichen Menschen. Sie brachten ganze Bündel Kleider, Schuhe und Lebensmittel zurück nach Hause. Was für ein Krieg?"

Sie konnte es nicht glauben, bis die Explosionen in der Stadt losgingen. Nach einem Besuch bei einer Nachbarin bestand sie darauf, sofort zu gehen. Ihre Tochter hatte keine Einwände. Zum ersten Mal sah sich Stasia, wie die meisten Ukrainer, Beschuss und Massenmord ausgesetzt. Seitdem hörte sie fast jede Nacht in ihren Träumen die Schreie und das Stöhnen der Verwundeten. Generationen von Einwohnern von Charkiw werden sich daran erinnern, wie sie im März 2022 die Stadt in Evakuierungszügen verlassen mussten. Es waren Züge der Verzweiflung, der Trennung, der Tränen, aber auch der Hoffnung, sich und ihre Kinder retten können.

Im Ausland fühlte sich Olga, diese starke Frau, zum ersten Mal im Leben verwirrt und hilflos. Und nur ihrer Tochter Stasia war es zu verdanken, dass sie nicht in den stürmischen Flüchtlingsströmen untergingen. Es war ungewohnt, die Kleidung und Schuhe eines anderen zu tragen, die nicht immer bequem waren, und in einem alten, abgenutzten Bett zu schlafen. Und es war unmöglich, in den Häusern, in denen sie lebten, Komfort zu schaffen, wenn sie das Geschirr und die Möbel anderer Leute benutzten … Vielleicht haben sie sich aber auch nicht sehr angestrengt, weil sie immer hofften, nach Hause zurückzukehren. Und mit Wehmut erinnerten sich die Frauen an ihre Schränke, die mit Kleidern gefüllt waren, an bequeme Betten mit orthopädischen Matratzen. Und dann schämten sie sich für diese Gedanken. Denn sie dachten an das zerbombte Nachbarhaus und daran, dass es ihnen gelungen war, das Wichtigste zu retten – sich selbst.

Im Haus von Gunter schien es Olga, als hätte sie endlich den Schutz und die Ruhe gefunden, die sie seit fast zwei Jahren nicht mehr gehabt hatte. Das Bett war so bequem, dass ihr Rücken endlich nicht mehr schmerzte. Um die Einrichtung brauchte sie sich keine Gedanken zu machen.

Aber die Unfähigkeit, sich ohne Sprachkenntnisse mit dem strengen, selten lächelnden Mann zu verständigen, belastete sie. Sie hatte das Gefühl, ihn zu stören, und versuchte, ihr Zimmer so wenig wie möglich zu verlassen oder lange Spaziergänge im Wald zu unternehmen. Die Natur war ihr Trost, dort gefiel es ihr gut, aber sie träumte davon auszuziehen, um niemandem zur Last zu fallen. Und sie flehte ihre Tochter an, einen anderen Platz für sie zu finden.

Stasias Umzug zu Konrad nach Berlin war für sie nach dem lauten Lager und der polnischen Kleinstadt eine wichtige Erfahrung. Sie war zurück in der Großstadt mit ihren unendlichen Möglichkeiten. Zunächst half sie als Freiwillige ukrainischen Flüchtlingen beim Übersetzen, weil sie Deutsch sprach. Dann wurde sie eingestellt, um in einer der Einrichtungen zu arbeiten, die sie mit ihren Kunden besuchte. Die Arbeit war emotional sehr anstrengend. Aber sie wollte immer noch mehr tun, und nach der Arbeit ging sie noch zu ihrer Freiwilligengruppe, einer der größten in Berlin. Dort organisierten sie Veranstaltungen für die ukrainische Gemeinschaft und Hilfstransporte für diejenigen, die in der Ukraine geblieben oder an der Front waren. Ihr Leben bekam einen Sinn, der darin bestand, Menschen zu helfen und den Sieg der Ukraine näher zu bringen.

In diesem Leben wurde die Zeit für Konrad immer knapper. Er war in eine harmonische, eng verbundene Familie hineingeboren worden. Von Jugend an half er seinem Vater im Familienbetrieb und baute ihn nach dessen Pensionierung aus. Sein Vater war sehr stolz auf seinen Sohn, machte sich aber Sorgen, dass er seine Bestimmung noch nicht gefunden hatte. Konrad selbst spürte das Bedürfnis nach familiärer Geborgenheit und Kindern.
Als er Stasia kennenlernte, wirkte sie in ihrer Verletzlichkeit sehr anziehend auf ihn. Im Laufe ihrer Gespräche stellte er fest, dass sie eine gute Erziehung und Ausbildung genossen hatte und in einer liebevollen Familie aufgewachsen war. Und er hoffte, dass sie, nachdem sie in ihrem Heimatland alles verloren hatte, hier glücklich sein und sich ein neues Leben aufbauen würde, in dem Familienwerte an erster Stelle stehen würden. Doch Stasia engagierte sich leidenschaftlich für das Allgemeinwohl und verbrachte ihre gesamte Freizeit mit Versammlungen, Kundgebungen und der Unterstützung von Ukrainern. Die beiden begannen, sich auseinander zu leben. Dies ging so weit, dass von einer gemeinsamen Zukunft keine Rede mehr sein konnte.

Olga Iwanowna ging jeden Tag in den Wald, nur dort fand sie Erleichterung von ihren traurigen Gedanken.

Im zeitigen Frühjahr sammelte sie junge Zapfen und Tannennadeln und kochte eine duftende Marmelade, die sie ihrem Gastgeber vorsetzte. Er kostete die duftende bernsteinfarbene Speise mit einigem Misstrauen. Überraschenderweise schmeckte sie ihm. Und als er mitbekam, dass sie heilende Wirkung hatte, sah er Olga zum ersten Mal mit Interesse an. Sie war auch eine gute Kräuterkundige, und nun kosteten sie jeden Abend ein neues duftendes Gebräu aus Beeren, Blumen und Kräutern, die sie im Wald und im Garten gesammelt hatten. Denn es ist doch verrückt, eine Packung Kräutertee für vier Euro zu kaufen, wenn es in der Nähe so viele nützliche Pflanzen ganz umsonst gibt.

Der Arzt hatte bei Gunter Eiweißmangel festgestellt, er wurde schnell müde und begann, Muskelmasse zu verlieren. Diesem Mangel sollte er mit ausgewogener Ernährung begegnen, aber er kochte nicht gerne.

Aber das war Olgas Lieblingsbeschäftigung. Und auch sie wollte gebraucht werden, sich um jemanden kümmern, sonst drohte ihr Leben seinen Sinn zu verlieren. Also kochte sie für ihn, und dann machten sie langsame Spaziergänge entlang der Waldwege oder durch die malerischen Straßen von Frohnau.

Sie hatten noch immer Schwierigkeiten, sich zu verständigen, aber mit Händen und Füßen ging es irgendwie. Es war lustig, wie die beiden Alten versuchten, sich etwas mitzuteilen, indem sie mit den Händen fuchtelten und Geräusche machten. Meistens endete das in lautem Gelächter. Dabei hatten sie gedacht, sie wüssten nicht mehr, wie man unbeschwert lacht.

Mit der Zeit erzählte Gunter Olga seine Familiengeschichte, eine Übersetzungs-App half dabei.

Seine schwangere Mutter fand sich 1948 im zerbombten Berlin mit fast nichts wieder. In Königsberg besaß die Familie eine Marzipanfabrik. Gunther hatte nie herausgefunden, warum seine Eltern die Stadt nicht verlassen hatten, bevor die Rote Armee sie übernahm. Es fiel seiner Mutter schwer, über dieses Thema zu sprechen. Wollten sie den Besitz, den mehrere Generationen der Familie aufgebaut hatten, nicht aufgeben oder hatten sie Angst zu gehen, weil „ganz Europa brannte"? Das wird man nicht mehr erfahren. Doch 1948 bestand Gunters Vater darauf, seine schwangere Frau auf die Deportationslisten nach Deutschland zu setzen. Er selbst wurde festgehalten, damit er sowjetische Spezialisten in der Arbeit an den Anlagen der Fabrik unterrichten konnte. Danach, so versprachen sie, würden sie ihn nach Deutschland gehen lassen.

Doch es kam anders. Gunter hat seinen Vater nie kennen gelernt. Er sollte für die Russen die Fabrikanlagen zum Mahlen von Getreide einrichten, denn Marzipan hatte gerade keine Saison. Doch so sehr er auch erklärte, dass dies unmöglich sei und dass diese einzigartigen Maschinen nur für die Verarbeitung von Mandeln konzipiert waren, man glaubte ihm nicht. Er wurde der Sabotage beschuldigt und ins Gefängnis gesteckt.

Gunter hat also noch eine persönliche Rechnung mit Moskau offen. Und er wollte von ganzem Herzen, dass die Ukraine gewinnt.

Olga erzählte ihm von der Geschichte ihrer Familie, die viel Leid und schreckliche Hungersnöte erlebt hat, die auch auf Initiative des Kremls entstanden waren. Deshalb weiß fast jede ukrainische Frau, wie man aus fast allem etwas kocht. Das genetische Gedächtnis von Generationen brauchte dies, um im Falle weiterer Widrigkeiten etwas zu essen zu haben und zu überleben.

Olga hatte auch einen lang gehegten Traum: einen Hund. Gunter sagte, dass er Hunde zwar liebe, doch sie beide seien alt und wer übernimmt die Verantwortung, wenn sie krank werden oder, Gott bewahre, sterben? Wer kümmert sich dann um den armen Welpen? Doch als Olga ihm das Foto eines jungen Hundes zeigte, den ukrainische Freiwillige aus dem Kriegsgebiet geholt hatten, flatterte sein Herz und er konnte nicht widerstehen. Der Hund hatte große feuchte Augen voller Traurigkeit, und das schwarze Fell deutete darauf hin, dass er deutsche Schäferhunde im Stammbaum hatte.

Als Konrad und Stasia ihre Eltern besuchten, sagten sie ihnen, dass sie kein Paar mehr seien.

Olga und Gunter waren nicht überrascht. Sie hatten schon lange gemerkt, dass es zwischen den beiden nicht mehr gut lief. Aber sie konnten ihre Kinder überraschen, als sie ihnen mitteilten, dass Stasia keinen neuen Platz für ihre Mutter zu suchen brauchte. Sie und Gunter hatten beschlossen, zusammen zu leben. Sie würden einen Hund aufnehmen und hätten nicht vor, bald zu sterben.

Aus dem Ukrainischen von Lena Preuss

Iryna Gindina,
Jahrgang 1963, wurde in der Ukraine geboren. Seit
ihrer Kindheit ist Lesen ihre Lieblingsbeschäftigung,
und so ist sie Bibliothekarin geworden. Ihr ganzes
Leben spielt sich unter Büchern ab. Mittlerweile
interessiert sie sich vor allem für Biografien, weil für
sie das Wissen über die Geschichte Antworten auf die
Ereignisse der Gegenwart liefert.

Mohamad Zahra

Die Kneipe

Draußen war es kalt und es regnete in Strömen.

Ein Mann betrat hastig die Kneipe. Er war nass und erschöpft, aber er hatte noch ein wenig mehr Energie als die anderen Betrunkenen dort.

„Guten Abend", rief der Mann.

Die Bar war fast leer, nur zwei Männer saßen an einem Tisch und unterhielten sich leise. Ein Dritter saß auf einem Hocker an der Bar; seinen Reisepass hatte er auf den Tresen zu seiner Rechten gelegt. Er starrte auf sein Glas und bewegte es sachte mit der rechten Hand.

Der neue Gast ging schnurstracks auf die Bar zu. „Ein Glas Arak, bitte."

Der Wirt stellte ihm ein Glas Arak hin, der Mann leerte es in einem Zug und sagte: „Noch eins, bitte. Aber machen Sie es voll und seien Sie nicht so sparsam."

Dann drehte er sich zu dem Mann an der Bar und fragte:

„Und … suchst du das Visum auf dem Boden des Glases, Haytham?"

Achselzuckend stand Haytham auf und gesellte sich zu den beiden Männern, die noch am Tisch saßen.

Der Mann zeigte auf ihn und sagte: „Mensch, Haytham, ein Scherz, nur ein Scherz." Dann wandte er sich an den Wirt: „Mach zwei Arak, bitte."

Da rief einer der Männer am Tisch: „Mach vier, und komm her, bring sie mit, Rabih."

Rabih trug die Gläser zum Tisch und sagte: „Ihr besauft euch schon am Mittag, ihr Trottel."

Alle hoben ihre Gläser: „Zum Wohl!"

Rabih schaute auf Sobhi, der ebenfalls am Tisch saß, und sagte lachend: „Warum wächst Gras aus deiner Jacke?"

Sobhi erwiderte: „Vor einer Woche habe ich im Regen Linsensäcke auf meinen Schultern geschleppt. Ein Sack war undicht, sodass einige Linsen in das

Wollfutter meiner löchrigen Jacke sickerten. Dank des Regens sprießen die Linsen heute aus den Löchern heraus. Jeden Tag entferne ich welche, aber es keimt einfach immer wieder neu."

Während er die Linsen aus der Schulter von Sobhis Jacke kratzte sagte Rabih: „Kauf dir doch eine neue Jacke und sei nicht so geizig, Mann!"

„Ja, das werde ich tun. Ich warte nur, bis ich die Linsen von meinen Schultern geerntet habe, dann verkaufe ich sie und kaufe dafür eine neue Jacke", sagte Sobhi ironisch.

Da legte Haytham nach: „Nicht, wenn ich sie vorher gegessen habe."

Rabih: „Lassen wir das. Sag mir doch, Haitham, warum willst du aus deiner Heimat fliehen?"

„Heimat? Das nennst du Heimat?" fragte Haytham sarkastisch, während Salem, der dritte Mann am Tisch, noch vier Arak bestellte.

Haytham fuhr fort: „Wenn jeder Tag ein Kampf ums Überleben ist, ist man davon weit entfernt, dieses Land Heimat zu nennen."

„Schön … dann erzähl mir bitte, was ist Heimat für dich?" fragte Rabih.

„Heimat ist, dass du und ich, Rabhi, nicht von morgens bis abends schuften müssen und Sobhi nicht bis zum Umfallen arbeiten muss."

Sobhi bestätigte: „Ja, ich bin letzte Woche in Ohnmacht gefallen."

Inzwischen trat der Wirt vor, stellte die neuen Gläser mit Arak ab und nahm die leeren mit.

Haytham sprach weiter: „Heimat ist, wenn deine Arbeit geschätzt wird und du für sie entlohnt wirst. Heimat ist der Ort, wo du dich zufrieden fühlst. Die Heimat kümmert sich um ihre Bürger und bespuckt sie nicht jeden Tag. Sie behandelt sie nicht, als wären sie Sklaven. Was für ein Leben ist das, wenn wir zwölf Stunden am Tag arbeiten und uns am Ende des Tages noch Geld leihen müssen? Und nicht nur das – wir sollen dafür sogar noch dankbar sein. Kannst du dir das vorstellen? Dankbar! Nachdem ich zwölf Stunden gearbeitet habe, soll ich noch dankbar sein, bevor ich schlafen gehe! Wir sind in einem großen Gefängnis geboren und für immer zur schweren Arbeit verdammt. So sehr ich versuche zu fliehen, es ist vergeblich."

„Mein Freund, ich verstehe dich, und wenn ich die Möglichkeit gehabt hätte, wäre ich der erste gewesen, der geflüchtet wäre. Aber ich glaube, es gibt kein Entrinnen von hier. Ich dachte immer, meine Heimat wäre das Land, in dem ich geboren und aufgewachsen bin, die Sprache, in der ich meine ersten Worte gelernt habe, die Familie, die mich großgezogen und ernährt hat, die Kultur, in der ich groß geworden bin, und die Gebräuche, die mich prägen. Wer zwingt mich, hier zu leben? Wer zwingt mich, wegzugehen? Wer hat diese chaotische Situation geschaffen, dass ich überhaupt weggehen muss? Warum muss ich mich an meine Umgebung anpassen? Warum kann sich meine Umgebung nicht ein wenig an mich anpassen?" fragte Rabih.

Subhi unterbrach ihn: „Die Antwort auf all deine Fragen ist: der Geheimdienst."

Salem bestellte noch vier Arak.

„Ja, es ist der Geheimdienst, die Mukhabarat", fuhr Sobhi fort. „Die Heimat ist die Sonne, die wärmt und nicht verbrennt, der Himmel, der regnet und nicht ertränkt, die fruchtbare Erde. Aber mit der Mukhabarat wirst du nichts davon genießen können."

Salem intervenierte: „Sprich leise, Alter!"

„Warum soll ich leise sprechen? Hier ist doch niemand außer uns. Hab keine Angst", sagte Subhi und fuhr fort: „Hör mir gut zu: Vor etwa zwei Wochen transportierte ich Säcke mit Weizen zur Bäckerei. Als wir fast fertig waren, kam ein Sicherheitsbeamter und ordnete an, den Weizen wieder in den Last-wagen zu laden und aus dem Armenviertel ins Zentrum der Hauptstadt zu bringen, sodass nicht ein einziger Sack Mehl für die Bäckerei im Viertel übrigblieb, um Brot für die Menschen zu backen." „Und die Menschen hatten an diesem Tag kein Brot?", fragte Salem.

„Das ist mir egal, aber dieser Bastard hat uns keinen Lohn gezahlt. Wir haben umsonst gearbeitet wie die Esel! Obendrauf sagte er, wir sollten ihm dankbar sein, dass er einen Sack Mehl mit uns trug, nachdem wir 200 Säcke auf dem Rücken getragen hatten."

Der Wirt brachte den Arak und stellte die vollen Gläser auf den Tisch.

Salem wandte sich diesmal an den Wirt und sagte: „Die Heimat ist diese Bar: Man betrinkt sich, und niemand beurteilt dich nach deinem Aussehen. Du gibst jedem genau das, wofür er bezahlt, und du behandelst alle gleich. Stimmt's?"

Der Wirt nickte zustimmend, sammelte die leeren Gläser ein und ging.

Plötzlich stieß ein Mann die Tür auf und kam mit einer Wodkaflasche in der Hand herein. Er starrte wütend auf den Tisch der vier Männer, ging torkelnd auf sie zu, warf sich auf einen Stuhl und sagte: „Das Vaterland ist der Führer, die Führung und die Sicherheit ..." Er bevor er seinen Satz beenden konnte, brach er betrunken zusammen.

Alle fühlten sich ängstlich und verwirrt.

Rabih sah den Mann an und sagte: „Ich stimme dir zu, Genosse … und ich habe das große Glück, hier geboren zu sein und hier zu leben. Und als ich sagte, dass sich das Umfeld an mich anpassen muss, war das nur ein Scherz." Er versuchte, ein Lächeln vorzutäuschen.

Alle riefen zustimmend: „Ja, ja. Wir haben Glück."

„Ich bin glücklich und dankbar, dass du einmal einen Sack Weizen für mich getragen hast. Was die Bezahlung betrifft: Natürlich war das nicht nötig, wir sind schließlich mit dem Guten gesegnet. Kommt schon, Leute, wie kann ein Volk, das sein Essen aus den Löchern seiner Jacken zieht, hungern?", fragte Sobhi.

Alle riefen im Chor: „Sicher. „Da besteht kein Zweifel."

„Ich glaube, er ist bewusstlos oder vielleicht tot … Hoffentlich hat er genug getrunken, um unser Gespräch zu vergessen", flüsterte Haytham.

Alle standen schnell auf und eilten hinaus. Einer murmelte: „Wenn sich zwei Leute treffen, ist der dritte vom Geheimdienst."

„Sie kommen aus den Eiswürfeln im Arak-Glas."

„Er stand sicherlich am Fenster und hat alles gehört."

Der Wirt ging zum Tisch, sammelte ruhig die Gläser ein und trug sie an die Bar. Er zog seine Jacke an und begann, die Kerzen auszublasen. Als er die Tür erreichte, drehte er sich zu dem bewusstlosen Mann um, beugte sich zu seinem Ohr und sagte:

„Heimat, mein Herr, ist, wenn Sie morgen nicht wieder aufwachen."

Übersetzung aus dem Arabischen von Mustafa Al-Slaiman

Mohamad Zahra,
Jahrgang 1998, wurde in Damaskus geboren und lebt
seit neun Jahren in Berlin. Er hat inzwischen die
deutsche Staatsbürgerschaft erworben und studiert
Volkswirtschaft. Er schreibt in seiner Freizeit.

Rahmetullah Berxwedan Andan

Eine Reise:
Vom Mutterleib zur Migration,
von der Migration zur Hoffnung

Das Abenteuer der menschlichen Existenz beginnt bereits im Mutterleib. Jene dunkle Umgebung, gefüllt mit Flüssigkeit, ist ein friedliches Zuhause, weit weg von der Härte der Außenwelt. Dieser Raum, in dem die Geräusche gedämpft und die Bewegungen sanft sind und alles in Harmonie ist, ist das erste Zuhause des Individuums. Dieses Zuhause bietet jedoch keine ewige Sicherheit. Je mehr der Körper wächst, desto enger wird der Raum, die Bedürfnisse ändern sich, und unweigerlich muss dieses Zuhause aufgegeben werden. Dies ist die erste Migration der Existenz.

Der Moment der Geburt ist die Überschreitung einer Grenze. Der Sauerstoff, der die Lungen mit dem ersten Atemzug füllt, durchdringt sie mit einem brennenden Schmerz. Und in diesem Moment hallt der Schrei eines Babys wider. Auch wenn dieser Schrei wie eine Revolte erscheinen mag, symbolisiert er eigentlich den Beginn eines Lebens, genau wie das Aufplatzen und Sprießen eines Samens. In jeder Phase seiner Existenz muss der Mensch Schmerzen erfahren, um zu wachsen, und dieser Schmerz wird zu einer Kraft, die ihn verändert und verwandelt.

Wenn das Baby zum ersten Mal das Licht wahrnimmt, versteht es nicht, was es ist. Die Augen, die aus der Dunkelheit des Mutterleibs kommen, sind nicht an die Intensität des Lichts gewöhnt. Für das Baby ist das Licht sowohl etwas Fremdes als auch ein Zeichen für einen Anfang. Zunächst nehmen die Augen nur Helligkeit und Schatten wahr; Farben bekommen erst mit der Zeit Bedeutung. Und hier kommt das Konzept der Migration und Anpassung ins Spiel. Wenn ein Mensch eine neue Welt betritt, fällt es ihm schwer, seine Umgebung zu begreifen, so wie das Licht für ein Baby anfangs ein bedeutungsloses Leuchten ist.

Mit der Zeit lernt es jedoch die Farbtöne um sich herum kennen und konstruiert Bedeutungen.

Reise der Farben und des Graus

Die Wahrnehmung von Farben in der physischen Welt braucht Licht. Im Dunkeln kann der Mensch keine Farben erkennen; erst das Licht enthüllt die Farben und gestaltet das Leben. In einer Stadt wie Berlin, wo der graue Himmel dominiert, drückt dieses Grau auf die Seele. Das Grau ist weder so pessimistisch wie die Dunkelheit noch so hoffnungsvoll wie ein blauer Himmel. Grau steht für Leere und Übergang; das entspricht der Stimmung eines zugewanderten Menschen. Ungewiss, vergänglich, offen für Gestaltung.

Wissenschaftliche Untersuchungen haben den Einfluss von Farben auf die menschliche Psyche belegt. Grautöne lösen Melancholie und Stillstand aus, während warme Töne wie Gelb oder Orange ein Gefühl von Energie und Glück hervorrufen. Grau schafft aber auch einen neutralen Raum; es ist eine Möglichkeit für Neues. Auf diesem neutralen Boden keimt die Hoffnung des zugewanderten Individuums auf. Unter dem grauen Himmel muss man sein inneres Licht finden. Denn dieses Licht kann, wenn es einmal zum Vorschein kommt, selbst das dunkelste Grau überstrahlen.

So wie ein Baby lernt, dem Licht einen Sinn zu geben, lernt der Mensch, unter schwierigen Bedingungen seine eigene Farbe zu erschaffen. Hoffnung ist eine Kraft, die das Licht in der inneren Welt eines Menschen erweckt. Das Grau des neuen Landes schafft ein neues Kampffeld in der Seele des Individuums. Dieser Kampf richtet sich jedoch nicht nur gegen die Außenwelt, sondern auch gegen die eigene innere Dunkelheit und Unsicherheit.

Einsamkeit und Hoffnung als Folge der Migration

Das Individuum, das eine neue Welt betritt, versucht wie ein Baby, sich in einer Umgebung auszudrücken, deren Sprache es nicht kennt. Meistens versteht jedoch niemand seine Stimme. Dies ist vergleichbar mit der Unfähigkeit eines weinenden Babys, das nicht in der Lage ist, mit den Menschen in seiner Umgebung in Verbindung zu treten. Dieses Weinen ist aber nicht nur ein Versuch der Kommunikation, sondern auch der Beginn des Prozesses der Selbsterkenntnis des Individuums. In dieser Fremdheit wird der Mensch einsam und hört verstärkt auf seine innere Stimme. Und mit der Zeit verwandelt sich diese Stimme in Hoffnung, so wie ein Baby seine eigene Existenz erkennt.

Auf der Suche nach einem Zuhause unter dem grauen Himmel versucht das eingewanderte Individuum in Wirklichkeit, in sich selbst ein Zuhause zu schaffen. Es erkennt, dass jenseits eines physischen Dachs, jenseits einer kalten Wand, das wahre Zuhause ein Raum ist, in dem die Seele Frieden findet. Genau wie einst in der flüssigen Wärme des Mutterleibs versucht man, dieses Gefühl der Geborgenheit in seiner inneren Welt zu schaffen. In diesem Prozess baut die Hoffnung allmählich wie ein Ziegelstein dieses Haus.

Vom Grau zu einer farbenfrohen Welt

Ganz gleich, wie grau der Himmel ist, das Licht im Menschen hat die Kraft, dieses Grau zu verwandeln. Grau ist kein Ende, sondern ein Anfang. Denn genau wie in der physischen Welt offenbart das Licht die Farben in der geistigen Welt. Die Hoffnung ermöglicht es dem Menschen, seine eigenen Farben zu erschaffen.

Selbst wenn die Migration mit einem Verlust beginnt, ist sie ein Prozess der Schöpfung. Ein Baby, das den Mutterleib verlässt, versucht, seinen Platz in einer neuen Welt zu finden. Auch das Individuum, das emigriert, baut sich mit den Erinnerungen an sein früheres Heim ein Zuhause in einer neuen Welt auf. In diesem Prozess erhellt das Licht der Hoffnung nicht nur die innere Welt des Individuums, sondern auch seine Umgebung. Denn das wahre Zuhause ist der friedliche Raum, den man sich in der eigenen Seele geschaffen hat. Und dieser Raum erliegt nicht dem Grau irgendeines Ortes.

Übersetzung aus dem Türkischen: Recai Hallaç

Rahmetullah Berxwedan Andan,
Jahrgang 1993, ist kurdischer Herkunft und wurde in
der Türkei geboren. Er schreibt seit Jahren in seiner
Freizeit Essays auf Kurdisch und Türkisch, als
Teilnehmer des Poetry Projects auch Gedichte.

Asya Aldiri

Reise der Seele

Ich bin Asya Aldiri. Mein Name trägt die Erinnerung an ein Land in sich, das einst meine Heimat war, und diese Heimat lebt in mir fort wie ein altes Lied, dessen Melodie ich niemals vergesse. Syrien – ein Ort voller Wärme und Farben, ein Land, in dem ich als junges Mädchen lief und lachte, in dem ich meine Träume formte und das Leben in all seinen Facetten liebte. Doch das Schicksal nahm einen anderen Weg, einen Weg voller Dunkelheit und Chaos, und zwang mich auf eine Reise, die nicht nur mein Land hinter mir ließ, sondern auch Teile meiner Seele.

Die Flucht war kein Akt der Wahl, sondern ein Akt des Überlebens. Zusammen mit meinen beiden Töchtern verließ ich die vertrauten Straßen, die Gerüche und Klänge, die uns einst Geborgenheit gaben. Unser Zuhause, einst ein Ort der Freude und Gemeinschaft, lag plötzlich im Staub, und wir mussten fort – ins Unbekannte, begleitet von Angst, Verlust und einer tiefen, nagenden Sehnsucht nach dem, was nicht mehr erreichbar war.

Heimat – das Wort bedeutete mir so vieles, und doch konnte ich es nicht mehr greifen. Es war mehr als ein geografischer Punkt; es war ein Zustand des Herzens, ein Gefühl, ein Raum der Sicherheit. Es war das Wissen, dass wir die Nacht ohne Sorge verbringen können, dass das Dach über uns, die Erde unter uns uns gehörte, dass wir hierher gehörten. Doch als ich Syrien hinter mir ließ, löste sich dieser Raum in Nichts auf, und stattdessen zog die Ungewissheit in uns ein. Ein fremdes Land folgte dem nächsten, und die Frage blieb: Wohin gehe ich, wenn mein Herz in der Heimat zurückbleibt?

Unser nächster Halt war die Türkei. Wir lebten in einem Flüchtlingslager, einem Ort des Provisoriums und der Endlichkeit. Nichts in diesem Lager ließ ein Gefühl von „Zuhause" aufkommen. Um uns herum nur Zelte und kahle Erde, die uns hielt, aber nicht wärmte. Das Zelt, das ich für meine Kinder errichtete, bot Schutz vor der Kälte der Nacht, aber es konnte die Kälte in unseren Herzen nicht vertreiben. Jeder Tag war geprägt vom Warten, vom Hoffen, und die Nächte schienen endlos. Oft blickte ich in den sternklaren Himmel, suchte nach einem Zeichen, einem Wunder, das uns aus dieser Zwischenwelt holen würde. Doch die Sterne blieben stumm.

Nach langen Monaten, nach schmerzhaften Abschieden und durchwachten Nächten, führte uns die Flucht schließlich nach Deutschland. Hier in diesem fremden Land, mit fremden Worten und Gesichtern, begann sich das Gefühl der Sicherheit langsam in meine Seele einzuprägen. Doch selbst in dieser neuen Sicherheit blieb eine Leere in mir – ein Gefühl, als hätte ich meine Wurzeln verloren, als hätte ich die Erde, die mich hielt, weit hinter mir gelassen. Ich fragte mich: Was bedeutet „Heimat" für jemanden, der alles verloren hat?

In Deutschland begann ich zu verstehen, dass Heimat kein Geschenk ist, das uns gegeben wird. Sie ist etwas, das wir immer wieder neu errichten müssen – ein Prozess, ein Aufbau, ein Kampf um Zugehörigkeit und Akzeptanz. Die Freiheit, die ich hier fand, gab mir die Kraft, mich neu zu definieren, eine neue Rolle in dieser neuen Welt zu finden. Ich begann als Integrationslotsin, heute arbeite ich als Beraterin für Menschen, die wie ich ihre Heimat verloren haben. Ich helfe anderen, sich in diesem fremden Land zurechtzufinden, gebe ihnen Hoffnung und Stärke, damit auch sie ihre Würde und ihren Platz finden. Heimat wurde für mich zu etwas, das ich mit anderen teilen konnte – ein Weg, den wir gemeinsam gehen.

Manchmal frage ich mich: Was macht uns zu dem, was wir sind? Sind es die Erinnerungen, die wir in uns tragen, die Orte, die uns prägten, oder die Herausforderungen, denen wir begegnen? Ich habe gelernt, dass Heimat kein Ort, sondern ein Zustand ist – ein Gefühl, als Mensch anerkannt zu werden, das Recht zu haben, zu sprechen und gehört zu werden. Es ist das Bewusstsein, dass meine Geschichte, mein Schmerz, mein Verlust Teil von etwas Größerem ist.

In der Philosophie gibt es das Konzept der „konkreten Utopie" – ein Ort, den wir nicht wirklich kennen, aber nach dem wir streben, weil er die Möglichkeit des Guten in sich trägt. Für mich ist diese Utopie kein ferner Traum. Sie ist real geworden, sie lebt in den Menschen, denen ich begegne, in den Geschichten, die wir miteinander teilen. Heimat ist für mich heute kein Punkt auf der Landkarte mehr. Sie ist ein Ort in uns selbst, ein Raum, den wir mit Menschlichkeit, Würde und Hoffnung füllen.

Es ist nicht leicht, ein Flüchtling zu sein. Es ist eine Erfahrung, die das Leben zerreißt und in etwas Neues formt. Doch in diesem Schmerz liegt eine Wahrheit, die ich heute verstehe: Heimat ist kein Ziel am Ende einer langen Reise. Sie ist ein Zustand der Menschlichkeit, der uns als Menschen verbindet, der uns dazu bringt, immer weiter nach dem Guten zu streben – in uns und um uns herum. Es ist eine Reise, die nie endet, die wir jeden Tag neu antreten.

Asya Aldiri,
Jahrgang 1980, wurde in Syrien geboren und lebt seit
vielen Jahren in Berlin. Sie arbeitet als Sozialberaterin
und leitet den Runden Tisch für geflüchtete Frauen.
Sie sieht es als ihre Aufgabe an, Frauen zu unterstüt-
zen und ihnen durch ihre eigenen Erfahrungen Mut
und Orientierung zu geben.

Okseniya Burlaka

Meral Şimşek

Shekib Ansari

Abdul Wahid Rafee

Nadiia Kulish

Hêvî Qiço

Mehran Behrouzfaghani

Racha Fahs

Pavlo Kravtsiv

Hadia Armaghan

Fevzi Cetin

Abdul Zahir Eztarabi

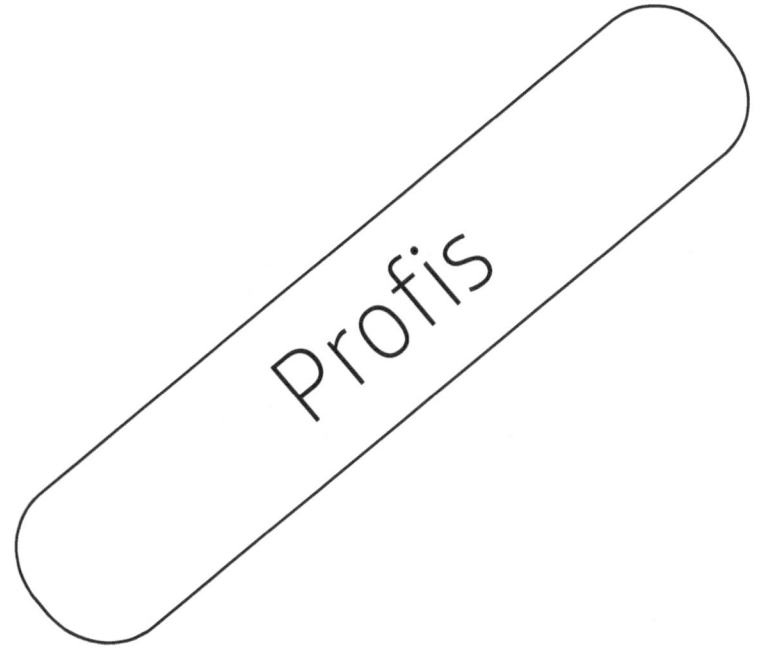

Profis

Okseniya Burlaka

Getrenntes Zimmer

In unserer Einzimmerwohnung gab es keinen Platz für Einsamkeit. Meine Eltern schliefen im Zimmer, und ich schlief in der Küche. Es war nicht immer bequem, aber ich liebte unser Zuhause, denn selbst unter den beengten Verhältnissen gehörte es uns. Ich habe immer davon geträumt, ein eigenes Zimmer zu haben. Manchmal lud mich mein Freund Lenya zu sich nach Hause ein, und ich erstickte vor Neid an meinem Speichel, weil er sein eigenes Zimmer hatte. Er hatte ein Bett, einen Computerschreibtisch, einen Kleiderschrank und eine Tür, an die man klopfen und die man nicht ohne Erlaubnis betreten durfte. Ich beneidete ihn – nicht böswillig, aber mit einer stillen Traurigkeit über das, was mir fehlte.

Und dann kam der Tag, an dem sich mein Vater zu mir setzte und sagte: „Wir kaufen eine neue Wohnung. Nicht in Kiew, sondern außerhalb der Stadt, in Irpin. Sie wird drei Zimmer haben, und eines davon wird deines sein, mein Sohn." Mein Herz klopfte in meiner Brust. Ich hatte das Gefühl, ich müsste weinen. Aber weinen 13-jährige Männer? Nein, ich glaube nicht. Meine Eltern brachten mich zu einem neuen Gebäude. Ich ging hinein und sah eine leere Wohnung, ohne Möbel und Tapeten, aber ich spürte, dass wir hier glücklich sein würden, vor allem ich. Denn ich würde endlich mein eigenes Loch haben.

Meine Eltern fingen an zu renovieren. Ich zählte die Tage bis zum Umzug. Ich habe sogar von diesem Zimmer geträumt, ich habe davon geträumt, meine Freunde einzuladen und wir würden abhängen, Pizza bestellen und einfach lachen. Und in diesen Träumen steckte so viel Freude. Wir gingen mit meinen Eltern zu IKEA und suchten meine Möbel aus. Ich habe mich auf alle Matratzen gelegt, bis ich die eine hatte, die perfekt passte. Ich merkte, wie die Tatsache, dass ich ein neues Zimmer hatte, meine Stimmung hob. Ich wollte lernen, ich wollte lachen, ich wollte die Welt anschreien – ich war glücklich.

Wir sind offiziell am 5. Februar 2022 eingezogen. Ich erinnere mich an den Tag, an dem ich zum ersten Mal in meinem neuen Bett schlief. Ich zitterte und konnte überhaupt nicht einschlafen. Ich lag da und starrte an die Decke und stellte mir vor, wie diese Decke viele Jahre lang nur mir gehören würde. Ich könnte hier nackt sein, glücklich und traurig, ich könnte ich selbst sein, ich könnte meine eigenen Grenzen haben. Ich würde meine Autosammlung auf den Schrank stellen und meine Lieblingsposter an die Wand hängen. Und niemand würde es mir verbieten, denn dies ist mein Zimmer, mein Zuhause, meine Ecke des Glücks. Ich ging zur Schule und dachte, dass ich bald wieder zu Hause sein würde. Als ich den Staub auf dem Boden sah, wollte ich staubsaugen. Zum ersten Mal in meinem Leben tat ich das aus freien Stücken und nicht, weil meine Mutter mich dazu überredet hatte. Ich habe es einfach getan und aufgeräumt. Ich freute mich über die Sauberkeit, ich freute mich über meinen Platz, ich freute mich über den Geruch von Neuem.

Aber meine Freude währte nicht lange. Am 24. Februar, nicht einmal einen Monat nach unserem Einzug, brach der Krieg aus. Woran kann ich mich erinnern? An das Dröhnen der Hubschrauber, an das Weinen meiner Mutter, an Explosionen, an die Schreie meines Vaters, an das Gewusel der Menschen und an die absolute Appetitlosigkeit. Wir verließen unser Zuhause. Auf dem Weg nach „nirgendwo" sah ich Soldaten und zerstörte Straßen, hörte die Gebete meiner Mutter und das schwere Atmen meines Vaters. Aber am meisten schmerzte die Erkenntnis, dass wir nicht zurückkehren würden. Die Schule wurde abgesagt. Auch meine Klassenkameraden gingen. Von meinen Freunden war fast niemand mehr in der Stadt. Das Leben verwandelte sich in eine Art seltsamen Thriller oder Actionfilm. Auch im Chatraum meiner Schule herrschte Panik. Wir dachten alle, wir würden uns nie wiedersehen. Am Ende geschah es dann doch. Viele gingen ... Nur wenige kamen zurück. Und einige haben nicht einmal überlebt.

Zwei Tage lang verbrachten wir die Nacht im Auto. In der ganzen Ukraine gab es Staus, und in Zakarpattia waren die Straßen blank gefroren. Die Menschen verunglückten aus Angst und Müdigkeit. Wir hatten Glück, dass wir am Leben und wohlauf waren. Am letzten Tag unserer Reise nach Westen mieteten wir ein Hotelzimmer. Wieder hatte ich keinen Platz, also schlief ich mit meinen Eltern im selben Zimmer auf einer Luftmatratze. Ich rollte mich zusammen und starrte nur auf mein Telefon, um nicht zu weinen. Ich hörte, wie sich meine Eltern stritten. Mein Vater war bereit, in den Krieg zu ziehen, und meine Mutter warf ihm vor, dass er uns sich selbst überlassen würde. Ich mischte mich nicht ein, denn ich erlebte gerade meine eigene Tragödie.

Ich wollte, dass es so schnell wie möglich vorbei war und wir endlich nach Hause zurückkehren konnten. Ich las die Nachrichten und hoffte, dass die Russen sich zurückzogen und die Stadt wieder sicher war. Doch stattdessen kam die Nachricht, dass eine Granate unser Haus getroffen hatte und mein Zimmer zerstört war. Ich weinte wie ein kleines Kind. Ich hasste Russland und diejenigen, die uns das friedliche Leben, das wir im Februar hatten, weggenommen hatten. Wenn der Krieg nicht gewesen wäre, hätten wir ein glückliches Leben führen können. Und was jetzt?

Meine Eltern stritten sich. Die Spannungen wurden immer größer. So kam es, dass meine Mutter und ich einen Monat später nach Europa abreisten und mein Vater in die Stadt zurückkehrte, um sich freiwillig zu melden. Meine Mutter und ich standen lange an der Grenze. Und dann, als wir nach Deutschland fuhren, hatten wir mehrmals fast einen Unfall. Ich habe gesehen, wie nervös sie war, wie schwer es für sie war. Und ich war nur ein Schatten. Ich konnte mich nicht anders verhalten. Ich war unhöflich zu ihr oder habe einfach geschwiegen. Zu etwas anderem war ich nicht fähig.

In Berlin wurden wir von den Freiwilligen Marcel und Hannah aufgenommen. Meine Mutter und ich bekamen ein Zimmer in ihrer Wohnung. Sie schlief auf dem Sofa, und ich in einem Einzelbett. Ich fand mich in der neuen Schule schnell zurecht, aber alles war anders, nicht gleich, fremd. Ich war unter deutschen Kindern, und ich verstand nichts, gar nichts. Natürlich gab es auch andere ukrainische Kinder. Aber ich wollte niemandem zu nahe kommen. Ich mochte nichts und hatte keine Freude an irgendetwas. Alles um mich herum war mir fremd. Ich empfand Gleichgültigkeit, die manchmal in Wut und Aggression ausartete. Eines Tages schubste mich ein Mitschüler auf dem Flur. Nicht mit Absicht, aber ich schlug ihm daraufhin in den Magen. Es geschah irgendwie mechanisch. Es war, als ob ein Dämon aus mir herauskam. Er brach in Tränen aus, und ich machte weiter. Ich schämte mich für das, was ich getan hatte. Aber ich habe mich nicht entschuldigt. Ich hatte nicht den Mut dazu.

Ich wollte so gerne nach Hause. Zurück zu den Tagen, an denen ich glücklich war, an denen ich mein eigenes Zimmer hatte, an denen alles um mich herum vertraut und verständlich, sicher und lieb war. Wo meine Eltern sich nicht stritten, sondern sich einfach in der Küche umarmten, wenn sie dachten, ich würde nicht hinsehen.

Die Realität, die ich so sehr geliebt habe, existiert nicht mehr. Alles um mich herum bricht auseinander. Wir sind Fremde in Deutschland. Zumindest emp-finde ich das so. Die Menschen sind natürlich freundlich, aber es ist schwer für sie, uns zu verstehen. Genauso wie wir sie nicht verstehen. Das Brot hier ist ganz anders, und im Winter gibt es keinen Schnee.

In zwei Jahren hat sich in Berlin alles verändert. Ich bin nicht gut in der Schule. Ich habe keine Freunde. Mein Vater und meine Mutter haben sich wegen des Krieges und des Streits scheiden lassen. Meine Mutter hat einen anderen Mann gefunden. Sie zeigt ihn mir nicht, aber ich weiß, dass es ihn gibt. Ich verurteile sie nicht. Sie versucht, mit ihrem Leben weiterzumachen. Und ich versuche es auch, aber irgendwie ohne Erfolg.

Dieses Jahr wurde uns geholfen, eine Wohnung zu finden. Eine Zwei-Zim-mer-Wohnung. Ich habe wieder mein eigenes Loch. Aber ich bin nicht mehr glücklich darüber, denn ich weiß, dass jeden Moment alles zusammenbrechen kann .... Und es ist besser, sich nicht an Menschen, Dinge oder Räume zu binden, denn wenn man etwas verliert, das zu wichtig war, stirbt ein Teil von einem. Und du kannst es nicht zurückbekommen. Und so wandert man durch die Welt, halb Mensch, halb tot.

Mein neues Zimmer ist leer, auch wenn es mit Möbeln eingerichtet ist. Es ist schwer für mich, wieder zu träumen, wieder glücklich zu sein. Denn ich weiß, dass all das in einem Augenblick verschwinden kann. Es hat keinen Sinn, die Wände zu dekorieren oder ein Poster auszusuchen. Es hat keinen Sinn, meine Sachen wegzuräumen oder aufzuräumen. Ich lebe so, als ob ich gezwungen wäre, wegzulaufen und mich wieder zu retten. Das ist lähmend und macht so gleichgültig.

Ich hasse es, dass der Krieg mir sogar die Möglichkeit genommen hat, glücklich zu sein. Ich hasse es, dass ich nicht mehr vertrauen kann, auch den Raum, den ich Zuhause nenne. Ich denke an meinen Vater. Ich vermisse ihn. Während dieser ganzen Zeit waren wir mehrmals in unserer Stadt, aber ich habe ihn nicht gesehen, weil er nicht freigelassen wurde. Ich frage mich: Wozu das alles? Warum der Krieg, warum die Verluste, warum dieser Schmerz? Und es gibt keine Antwort. Da ist nur diese Leere, Bruchstücke der Vergangenheit, die schmerzen.

Mein Zimmer ist in Irpin. Ich war nur ein paar Wochen dort. Aber sie waren so glücklich. Mir ist klar geworden, das Schlimmste war nicht die Zerstörung. Das Schlimmste ist, dass es ein Symbol für alles wurde, was ich verloren habe. Ich habe nicht nur die Wände, die Matratze oder den Kleiderschrank verloren. Ich habe meine Familie verloren. Sie fiel in sich zusammen, genau wie die Wände unseres neuen Hauses. Ich habe mich selbst verloren, den Menschen, der ich vor dem Krieg war. Und ich weiß nicht, ob ich die Kraft finden werde, diese Ruhe und Fröhlichkeit wiederzufinden.

Mein Vater hat mir einmal gesagt, dass wahre Stärke nicht darin besteht, Verluste zu vermeiden, sondern sich aus jeder Tragödie zu erheben. Ich weiß noch nicht, wie man das macht. Aber ich weiß, dass ich es lernen will. Ich möchte wie mein Vater sein. Klug und furchtlos.

Heute habe ich ein neues Poster gekauft. Im Moment liegt es noch in einer Schublade. Aber vielleicht werde ich morgen beschließen, es aufzuhängen. Ich weiß, dass die Vergangenheit nicht wiederkehrt, aber vielleicht werde ich eines Tages das verlorene Gefühl wiederfinden, das klingt wie „Ich bin zu Hause".

Aus dem Ukrainischen von Lena Preuss

Okseniya Burlaka,
Jahrgang 1990, ist ein ukrainische Schriftstellerin,
Komponistin und Texterin. Seit März 2022 lebt sie
mit ihrem Sohn in Berlin, wo sie als Texterin arbeitet.
In der Ukraine hat sie bereits acht Bücher veröffent-
licht. Ihre Geschichte „Getrenntes Zimmer" ist Teil
ihres neuen Buches, an dem sie gerade arbeitet.

Meral Şimşek

Der Schatten

Während die Flügel des Flugzeugs die Wolken durchbrachen und in diesem unaufhaltsamen Wirbel flogen, befand sie sich inmitten eines Feuers, das sich von den Haarwurzeln über ihren ganzen Körper ausbreitete. Alles und jeder fiel aus einer unendlichen Leere, ihr ganzes Leben schien durch die Wolken zu fließen. Und dann wurde jede Wolke zu einem Foto. Jede von ihnen verwandelte sich in einen Henker, der die weiße Farbe des Schmerzes trug. Während alle Häuser aus der Vogelperspektive der Auslöschung zum Opfer fielen, begann sie sich auf dem Sitz des Flugzeugs, an den sie mit einem Sicherheitsgurt gefesselt war, zwischen Dutzenden von Männern und Frauen vor Schmerz zu winden. Als ob Tausende von Kugeln ihren ganzen Körper trafen, drang das schmerzhafte Stöhnen ihrer eigenen Stimme an ihr Ohr. Sie schloss die Augen, die Vorhänge all der Häuser, die ihr bis heute genommen worden waren, breiteten sich von ihren Lidern auf ihr ganzes Gesicht aus. Die Vorhänge und der Geruch sengender Sommerhitze schlugen ihr entgegen. Gleich darauf prasselte der Regen gegen die Fenster. Sie öffnete die Augen, die Vorhänge waren verschwunden, und ein salziger Strom rann aus ihrem Gesicht in den Hohlraum in ihrer Brust. Es war das Salz des Anfangs vom Ende. Alle Salzkristalle der Welt steckten in ihrer Kehle und dürsteten nach ihrem Tod.

Sie hob den Kopf und sah einer der Stewardessen in die Augen. Die Stewardess schaute sie entsetzt an. „Are you okay?" fragte sie.
Zunächst konnte sie nicht verstehen, was die Stewardess sagte.

„Are you okay? Do you need help?", wiederholte jene.

„Thank you, there is no problem", konnte sie mit gebrochenem Akzent gerade noch sagen.

Die Stewardess nickte und ging.

Als sie sich entfernte, hatte sie das Gefühl, dass das Geräusch ihrer Absätze an ihren Zähnen kratzte, und sie wollte ihr nachschreien. „Halten Sie das Flugzeug an, ich will zu Hause bleiben! Die Vorhänge in meinem Haus weinen!"

Sie konnte es nicht aussprechen. Die Heimat war jetzt weit weg, all ihre Träume fielen von den Flügeln des Flugzeugs. „Bin ich ein Feigling, bin ich deshalb weggelaufen?", dachte sie. Warum hatte sie ihre Heimat, in der sie so oft dem Tod ins Auge geblickt hatte, diesmal verlassen? Ja, sie hatte Angst, aber es war mehr als eine individuelle Angst. Sie wollte der Welt mit der Sprache der Kunst etwas zurufen, und dazu hatte sie noch nicht viele Gelegenheiten gehabt. Deshalb musste sie überleben. Zumindest noch eine Weile.

Es war Juli. Die dünne Bluse, die sie trug, war schon oft von ihren eigenen Tränen durchnässt worden, und das Feuer in ihrem Körper hatte sie getrocknet. Doch als die Stunden vergingen und das Flugzeug sich der Landebahn näherte, spürte sie, dass die Luft sehr kalt geworden war. Alle ihre Glieder waren taub vor Kälte. Sie konnte nicht sagen, ob es wirklich so kalt war oder ob es nur sie war, die fror. Sie hatte keine Ahnung, was passieren würde, wenn sie aus dem Flugzeug stieg.

Vor einem Jahr hatte sie versucht, ihr Heimatland zu verlassen, war aber gescheitert. Dieses Mal kam ihre Abreise sehr plötzlich und sie hatte keine Ahnung, was passieren würde.

Als die Räder des Flugzeugs die Landebahn berührten, wich die Taubheit einer tiefen Panik. Die Kälte des Todes kroch über ihre Haut. Sie hätte sich gewünscht, das Flugzeug würde für immer in der Luft schweben. Vielleicht ist es besser, sich im Himmel zu verirren als auf der Erde, sagte sie sich. Sie wollte das Unmögliche.

Die Räder des Flugzeugs berührten bereits den Asphalt und drosselten ihre Geschwindigkeit, um zum Stehen zu kommen. Jetzt wusste sie, dass die Heimat weit weg war. Die Stimmen derer, die zu Hause geblieben waren, hallten in ihrem ganzen Wesen wider: ihre Söhne, ihre Familie, ihre Freunde, die spielenden Kinder auf der Straße, das Lächeln der Toten, sogar die Katze, die sie zurückgelassen hatte. Sie alle riefen ihr im Chor zu: „Auf Wiedersehen!" Sie konnte sich von niemandem verabschieden, deshalb waren alle Stimmen verletzt. Während die Menschen im Flugzeug versuchten, ihr Handgepäck zu holen, verwandelten sich ihre stillen Tränen in Schluchzen.

Irgendwie schaffte sie es, ihr Handgepäck mitzunehmen und bis zur Zollkontrolle zu laufen. Ihre Füße schmerzten, als wären sie um eine Million Jahre gealtert, und bei jedem Schritt knackten ihre Knochen. Als sie sich durch die Zollspuren bewegte, befand sie sich in einer gigantischen Entfremdung.
Schließlich passierte sie den Zoll und fand sich in einem der Gänge des Flughafens wieder. Sie begann, sich um sich herum zu drehen. Alles um sie herum drehte sich so schnell, dass sie für einen Moment glaubte, in Ohnmacht zu fallen. Menschen mit ungewohnter Hautfarbe, ungewohnte Gerüche, ungewohnte Klänge ... Alles, aber auch wirklich alles, nahm ihr ganzes Ich in Beschlag. Sie vergaß, wo und wer sie war. Als sie versuchte, sich umzusehen, blieb ihr Blick an einem großen Schild hängen.
„BERLIN AIRPORT"
Ja, sie war jetzt in Berlin, Tausende von Kilometern von ihrer Heimat entfernt. Sie betrachtete das Schild vor sich und die Zollschranken in einiger Entfernung. Sie war völlig verwirrt. Sie wusste nicht, in welche Richtung sie gehen sollte. Gerade als sie sich auf den Boden knien und laut schreien wollte, klingelte ihr Telefon.
Als sie den Anruf auf dem Display sah, zuckte sie zusammen. Ja, sie musste sich beeilen. Draußen warteten Menschen auf sie. Sie nahm den Anruf entgegen und folgte den Anweisungen einer jungen Frau, die mit gebrochenem Akzent Türkisch sprach. Sie konzentrierte sich auf die Stimme, denn sie wusste, dass sie sonst keinen Schritt tun konnte.
Schließlich erreichte sie die letzte Ausgangstür. Kaum war sie durch die Tür getreten, sagte sie sich murmelnd: „Jetzt bist du am Anfang vom Ende!"

Als sie sich umsah, nahm sie Blickkontakt mit den Frauen auf, die mit Blumen in den Händen auf sie warteten. Während die Frauen verheißungsvoll lächelten, lag auf ihrem eigenen Gesicht die millionenfache Verzweiflung. Eine Frau nach der anderen stürmte auf sie zu, umarmte und begrüßte sie. Sie versuchte zu lächeln.

Sie stiegen in ein Auto und fuhren los. Sie hatte keine Ahnung, wohin sie fuhren. Das Gefühl des Unbekannten hatte sie zu sehr erschöpft. Das Gefühl des Unbekannten, von dem man nicht weiß, wie lange es dauern wird und das nicht aufhört, war zu beängstigend.

Es war schon dunkel und diese fremde Stadt war Zeuge ihrer weiteren Entfremdung. Während sie sich in diesem Chaos befand, lächelten die Frauen und unterhielten sich weiter.

Sie hatte nicht einmal bemerkt, dass das Auto angehalten hatte. Sie standen vor einem Restaurant. Den Worten der Frauen entnahm sie, dass es sich um eine bekannte Pizzeria handelte. Sie bestellte eine Pizza mit Fisch, von dem sie nicht einmal wusste, wie er schmeckt. Sie mochte Fisch und dachte, es würde ihr guttun, wenn sie etwas essen würde, was ihr schmeckte, aber schon beim ersten Bissen merkte sie, dass alles, was sie mochte, weit weg war. Mit jedem Bissen wurde ihr der vertraute Geschmack des Fisches fremder. Vielleicht war die Entfremdung nichts anderes als das eigene Zuhause zu verlassen.

Die Frauen waren überglücklich. Diese Frau vor ihnen, der alles fremd war, war nun frei von Gefahr, Gefängnis und Tod. Sie aber kämpfte mit tausend Jahren Schmerz und versuchte, ein künstliches Lächeln in die Mundwinkel zu zaubern.

Nach dem Essen verabschiedeten sich einige der Frauen und sie fuhr mit den anderen zum Schriftstellerhaus, wo sie für einige Zeit zu Gast sein würde. Im Schein der Stadtlichter beobachtete sie die Häuser aus dem Autofenster. Fahle Lichter strahlten aus den Häusern. Das waren nicht die hellen Lichter der Häuser in ihrer Heimat. Als der Wagen die Lichter der Stadt hinter sich ließ und auf die Autobahn fuhr, vermischte sich der tiefe Schmerz in ihr mit dem Stöhnen des Asphalts. Als sie die von Bäumen gesäumten Straßen entlangfuhren, blieb ihr Blick an den deutschen Häusern hängen, die sie zuvor im Fernsehen gesehen hatte. Sie fragte sich, welche Geschichten sich wohl hinter diesen Mauern verbargen.

Schließlich fuhr der Wagen durch ein großes Tor und hielt vor einem vierstöckigen Gebäude. Ja, dieses Gebäude würde ihre erste Unterkunft in diesem Land sein, aber es war kein Wohnhaus. Es war eher ein Hotel. Eine Frau und ein Mann begrüßten sie vor dem Gebäude. Sie lächelten. Sie gingen zwei

Stockwerke hoch und kamen im dritten Stock an. Auf dem Weg dorthin fielen ihr die kunstvollen Malereien an den Wänden und die Schnitzereien am hölzernen Treppengeländer auf. Als sie im dritten Stock ihre Zimmertür erreicht hatten, glaubte sie, die Fähigkeit zu laufen völlig verloren zu haben. Wahrscheinlich hatte sie noch nie solche Schwierigkeiten gehabt, einen Raum zu betreten.

An der Tür bemerkte sie, dass eine der Frauen, die sie begleiteten, ein wenig Kurdisch sprach. Die kurdischen Worte in ihren Ohren verstärkten den Wunsch zu weinen. Dieselbe Frau stellte eine kleine Tasche auf den Tisch des Zimmers. Sie hatte ihr ein paar Geschenke gekauft, von denen sie dachte, dass sie sie brauchen könnte. Eine neue Telefonkarte, Duschzeug und deutsche Schokolade …

Nach einer Weile gingen alle und sie blieb allein in diesem fremden Zimmer zurück. Es hatte ein Doppelbett, einen Kleiderschrank, einen Schreibtisch, einen Sessel, einen Stuhl und Bilder an den Wänden. Wie in Hotelzimmern üblich, befand sich die Tür zum Bad direkt neben der Eingangstür. Ein Fenster führte auf die Terrasse. Ja, nicht eine Tür, sondern ein tiefes Fenster. Sie öffnete das Fenster, es begann zu regnen. Ein feuchter, erdiger Geruch erfüllte ihre Lungen, jedes Mal, wenn die Regentropfen auf den Boden prasselten.

Jetzt stand sie auf der Terrasse und es war stockdunkel. Sie zündete sich eine Zigarette an und sog jeden Zug tief in ihre Lungen. Der Geruch des Regens und der Erde, das Rauschen des Windes, der durch die Äste der Bäume strich, der Rauch ihrer Zigarette, die schwachen Lichtstrahlen, die aus ihrem Zimmer auf die Terrasse drangen, sie alle peitschten durch die Vorhänge des Hauses, das sie verlassen hatte, und die jetzt in ihrem Herzen hingen.

Sie setzte sich auf einen Sims und lehnte sich mit dem Rücken an die Wand. Sie vergoss Tränen, die noch lange den Regen begleiteten. Die Feuchtigkeit und die Kälte der Mauer, an die sie sich lehnte, durchdrangen ihren ganzen Körper, von den Fingernägeln bis zu den Haarsträhnen. Mauern waren die Grenzen von Häusern, aber diese Mauer schien ihr sarkastisch zuzuflüstern: „Sag mir, wo ist dein Zuhause?" Die Frage der Mauer beunruhigte sie, sie stand auf und sie ging zurück in ihr Zimmer.

Sie ging ins Badezimmer. Dutzende von Minuten stand sie weinend unter dem heißen Wasser, dessen Beschaffenheit sie nicht kannte. Selbst die

Wassermoleküle, die über ihre Haut glitten, waren ihr fremd. Schließlich stellte sie das Wasser ab, wickelte sich ein Badetuch um den Körper, das andere um das Haar und setzte sich auf ihr Bett. Als sie die sauberen Laken roch, versuchte sie sich an den Geruch des Waschmittels zu Hause zu erinnern. Es war, als wäre ihr Gedächtnis ausgelöscht und sie könnte sich an nichts mehr erinnern. Nur die Vorhänge ihres Hauses flatterten um sie herum und sangen ein trauriges Lied. Sie schlief mit dem traurigen Lied der Vorhänge ein, die durch das Fenster schwebten und durch das Zimmer flogen.

Ihre Augenlider waren noch nicht geöffnet, aber Vogelgezwitscher drang an ihr Ohr. Sie öffnete die Augen, stand auf und fand sich auf der Terrasse wieder.

Vor sich sah sie einen tiefblauen See, in dem die Sonne glitzerte. In der Dunkelheit der Nacht war ihr das nicht aufgefallen. Die Vögel sangen weiter, aber sie erkannte keinen Vogelgesang. In welcher Sprache die Vögel hier wohl sangen?

Während sie darüber nachdachte, bemerkte sie den Schatten einer Frau. Was für schöne Kurven, dachte sie. Die Kurven des weiblichen Körpers waren wie das Leben. In diesem Moment strich ein leichter Wind über ihren Körper und sie merkte, dass sie nackt war. Die Schattenfrau war sie selbst. Sofort sprang sie durch das Fenster ins Zimmer.

Das Bett stand direkt vor ihr, und das Handtuch, das sie in der Nacht um ihren Körper gewickelt hatte, lag einfach da. Sie hatte ihren eigenen Schatten nicht erkannt. Sie stellte sich vor den Spiegel an einer der Schranktüren und betrachtete ihren nackten Körper zum ersten Mal so mutig. Sie war überrascht, als würde sie zum ersten Mal all ihren Rundungen begegnen. Vielleicht hatte sie auch zum ersten Mal in ihrem Leben nackt geschlafen.

In all den Häusern, in denen sie gewohnt hatte, hatte sie nie mit einem frischen Laken um den Körper geschlafen. Sie wusste, dass jederzeit eine Polizeirazzia stattfinden konnte, und wenn sie nackt war, konnte sie von fremden Augen gesehen werden. Aber dort, wo sie schlief, war ihr Zuhause. Unser Zuhause, unser sicherster Ort, umgeben von Mauern ... Unser Zuhause, wo wir nicht nackt schlafen konnten, wo wir unsere Kurven nicht erkennen konnten. Der vielleicht wertvollste Schatz, der einer Kurdin genommen wurde, waren die nackten Rundungen ihres Körpers.

In diesem Moment wurde ihr bewusst, dass ein riesiger Staat ihr und vielen anderen den Schatten ihres nackten Körpers genommen hatte. Und kein Haus konnte mehr wirklich ihr Zuhause sein. Wie sollten ihre nackten Körper, eingesperrt in Folterzellen, hinter den Mauern, die sie ihr Zuhause nannten, Freiheit finden?

Übersetzt aus dem Türkischen von Recai Hallaç

Meral Şimşek,
Jahrgang 1981, wurde in der Türkei geboren und ist
eine kurdische Autorin von Gedichten, Romanen und
Kurzgeschichten. Sie komponierte Musik und schrieb
auch Liedtexte. In ihren Werken setzt sie sich besonders
mit kurdischen Themen auseinander. Wegen einer
drohenden Haftstrafe konnte sie mit Hilfe des PEN
Berlin 2022 ins deutsche Exil gebracht werden. Ihre
Texte wurden vielfach ausgezeichnet, 2022 erhielt sie
in Österreich den Theodor-Kramer-Preis für Schreiben
im Widerstand und im Exil.

Shekib Ansari

Auf der Suche nach anderen Heimaten

Das Konzept von „Heimat" verändert sich, je nachdem, ob ein Mensch in seiner Heimat ist oder nicht. Ein Migrant betrachtet die Heimat aus der Distanz, von außen. In der Fremde gibt das Gefühl der „Heimatlosigkeit" der Heimat eine neue Bedeutung. Dieser Zustand ist reich an Erfahrungen, die später zu Erinnerungen, Sehnsüchten und Hoffnungen werden. Im vertrauten Zuhause strebt der Mensch immer nach einem idealen Leben, das er sich woanders vorstellt. Doch an einem anderen Ort sehnt er sich wieder nach seinem ursprünglichen Zuhause. Dieser Widerspruch begleitet jeden Migranten.

Der Begriff der „Erinnerung" an die Heimat ist oft rückwärtsgewandt. Doch in der Fremde sind Erinnerungen anders: Sie blicken nach vorne und können aus einem Meer der Sehnsucht neue Hoffnung schöpfen. Die Erinnerungen an „Heimat außerhalb der Heimat" werden von der Kultur, den Strukturen und den Symbolen des „Anderen" beeinflusst. Dieses „Andere" verändert die Bedeutung der Erinnerungen, sodass man zwischen gestern und heute schwebt. Dieses Gefühl des Schwebens ist die wohl dauerhafteste Erfahrung des Exils.

Ich lebe nun seit drei Jahren in der Fremde. In dieser Zeit war das Nachdenken über Heimat für mich, auch wenn es von Sehnsucht begleitet war, vor allem ein Prozess des Fragens und Entdeckens neuer Formen von Heimat. Meine Erfahrungen und Erinnerungen an die alte Heimat habe ich als „Protest" betrachtet, nicht einfach als Erlebnisse. Ein Protest, der zwischen Nostalgie und künstlich erzeugter Erinnerung unterscheidet. Ist Heimat nur eine geerbte Geografie? Welche Erinnerungen habe ich an die Heimat? Wo ist mein Zuhause, und wie sieht mein Leben in Deutschland aus?

Heimat als Geografie

Im Allgemeinen wird Heimat oft geografisch und politisch verstanden. In diesem Kontext wird Heimat durch Zugehörigkeitsgefühl, Identität und emotionale Bindung definiert. Wenn wir von Heimat sprechen, denken wir automatisch an eine bestimmte Gruppe von Menschen mit einer klar definierten Geschichte, Sprache und einem spezifischen Territorium. Diese Geografie schafft Strukturen und Kulturen, die uns prägen und unsere Sicht auf uns selbst, auf andere und auf die Welt formen. Aus dieser Perspektive ist Heimat der Ort, an dem ein Mensch aus getrennten Fragmenten eine kollektive Identität formt. Diese kollektive Identität schafft Symbole und emotionale Zeichen, die ein Land von einem anderen unterscheiden. Diese Symbole beeinflussen unser Handeln und unsere Wahrnehmung.

Das soziale „Selbst" der Gemeinschaften formt sich in einer Heimat als Geografie, während andere Heimaten zu einem „Anderen" werden, mit dem wir manchmal im Konflikt stehen und manchmal Frieden schließen. Heimat als Geografie definiert Menschen als Afghanen, Deutsche, Iraner, Amerikaner usw. Unbewusst und manchmal aufgrund geografischer Zwänge tragen wir den Namen einer Heimat, ob wir wollen oder nicht.

So gibt es Menschen, die ihre Heimat nie gesehen haben und dort keine Erinnerungen geschaffen haben. Dennoch tragen sie die symbolische Bedeutung ihrer Heimat ihr ganzes Leben lang in sich. Diese Sichtweise von Heimat ist nicht unbedingt negativ. Doch ein Festhalten daran kann verhindern, dass man Erfahrungen macht, die über geografische Grenzen hinausgehen. Denn manchmal liegen erstaunliche und wertvolle Möglichkeiten jenseits dieser Grenzen, die unser Inneres bereichern können.

Heimat als Ort des Seins

In der klassischen Auffassung hat jeder Mensch nur eine geografische Heimat. In dieser Sichtweise bleibt der Mensch in einer nationalistischen Definition von Heimat gefangen, die uns daran hindert, Abenteuer zu erleben, Neues zu entdecken und die Vielschichtigkeit des Begriffs Heimat zu verstehen. Obwohl

Heimat in der allgemeinen Wahrnehmung oft noch als einheimische Geografie gilt, hat diese klassische Vorstellung heute viel von ihrer Anziehungskraft verloren.

Der moderne Mensch hat nicht nur eine Heimat, sondern viele Heimaten. Wie andere Konzepte hat auch der Begriff der Heimat durch Individualisierung, schleichende Veränderungen und manchmal durch Spott und Herabwürdigung seine ursprüngliche Bedeutung verloren. Gleichzeitig haben persönliche Erfahrungen und Ereignisse dazu geführt, dass der Begriff der Heimat über die Grenzen der Geografie hinausgeht. Diese Veränderung ist das Ergebnis eines neuen Blickwinkels, den der Mensch von heute auf das Leben hat: Er möchte nicht nur an einem vorbestimmten Ort leben, sondern überall dort, wo er sich zugehörig fühlen kann; an einem „Ort des Seins".

Ich betrachte Heimat nicht aus einer nationalistischen Perspektive. Meine Überzeugung, dass es viele Heimaten geben kann, ist das Ergebnis meiner dreijährigen Migrationserfahrung. Diese Zeit hat mir gezeigt, dass die Bindung an die ursprüngliche Heimat oft von Erinnerungen und Erlebnissen geprägt ist, die man dort gesammelt hat. Doch da der Mensch auch außerhalb geografischer Grenzen Erinnerungen schaffen kann, gibt es viele andere Orte, die ein Gefühl von Zugehörigkeit vermitteln können, sei es eine neue Geografie, eine unscheinbare Straßenecke oder sogar eine Welt der Fantasie. Ein Beispiel für dieses neue Konzept von Heimaten ist das Leben im digitalen Raum. Heute lebt jeder Mensch mit verschiedenen Identitäten in unterschiedlichen virtuellen Welten, die zu einer Art Heimat geworden sind. Ebenso können wir die Lebensweise von Obdachlosen als eine Form von Heimat betrachten, auch wenn diese oft übersehen wird. Wenn wir sie nicht nur als „Süchtige" sehen, erkennen wir, dass sie sich am Straßenrand eine eigene Heimat geschaffen haben.

Die emotionalen Verbindungen, die Menschen aufbauen, die Erlebnisse, die sie teilen, sowie die Unterstützung und Anerkennung, die sie sich insbesondere in der digitalen Welt geben, zeigen deutlich, dass wir viele Heimaten haben können. Für mich ist Heimat dort, wo ein Mensch, selbst in den entlegensten und scheinbar unüberwindbaren geografischen Grenzen, Erinnerungen, Zugehörigkeit und einen persönlichen „Ort des Seins" schaffen kann.

Eine Erinnerung aus Kabul

Die aktuelle Lebenssituation eines Menschen verändert stets die Erfahrungen und Bedeutungen seiner Erinnerungen. Denn alles, was eine Erinnerung in uns wachruft, wird von der Gegenwart beeinflusst und ihr sogar aufgezwungen. So sehr, dass Erinnerungen immer im Kontext des Jetzt definiert werden. Seit ich begann, an Kabul, meine angestammte Heimat, zu denken, steigen die Erinnerungen wie ein schwerer Kloß in meiner Brust herauf. Sie sind wie Kugeln, die in den Lauf eines erbarmungslosen Gewehrs geladen sind – bereit, mich in meiner Vergangenheit zu zerschmettern. Genau wie Kabul, das seit drei Jahren unermüdlich unter den Füßen der Soldaten des politischen Islam zertrampelt wird.

Meine Jugend fiel in die erste Herrschaft der Taliban zwischen den Jahren 1994 und 2000. Die Präsenz bewaffneter, feindseliger Männer dominierte die gesamte Stadt. Doch noch einschneidender war die Herrschaft des Islam, die mit brutaler Strenge unserem Leben aufgezwungen wurde. Egal welchen Weg wir nahmen, ob zur Schule oder zum Spielplatz, er führte immer zur Moschee, dem Zentrum, das unser gesamtes Leben kontrollieren sollte. In einer solchen einheitlichen und dogmatischen Gesellschaft entstanden unsere Erinnerungen: Unsere geistige Nahrung bestand ausschließlich aus Koranversen und Hadithen. Es gab keine Unterschiede zwischen Spielkameraden, Klassenkameraden oder Nachbarn. Freizeitstätten waren geschlossen. Das Fußballstadion in Kabul war der einzige Ort, an dem die Männer unserer Familien der Eintönigkeit des Alltags entfliehen konnten. Frauen wurden in „heilig" und „unheilig" unterteilt; jede Frau, die das Haus verließ, galt als unheilig. Das Einzige, was jede Familie im Übermaß hatte, war Armut. Arbeitslosigkeit war eine Art „Beschäftigung", die das Taliban Regime gerecht und gleichmäßig auf die Mehrheit der Gesellschaft verteilte.

Mein Vater nahm mich oft mit ins Fußballstadion von Kabul, um Spiele zu sehen. Eines Freitags im Jahr 1997 fand ein Spiel zwischen zwei berühmten Mannschaften statt. Als alle Zuschauer das Stadion betreten hatten, schlossen die Taliban die Ausgänge. Mehr als zehntausend Menschen wurden im Stadion eingeschlossen. Dann brachten sie einen Mann auf das Spielfeld. Er betete mitten im Stadion. Anschließend trat ein Taliban hervor und enthauptete ihn mit einem Messer. Dies ist ein Ausschnitt aus einer Erinnerung, die mich mit der Gewalt jener Zeit vertraut machte. (Später erlebten wir noch schlimmere Vorfälle). Mord war ein Bestandteil der Politik der Taliban, mit der sie die Menschen unterdrückten und zum Schweigen brachten.

Nach dem Sturz der Taliban im Jahr 2000 hatten wir die Gelegenheit, eine demokratische Erzählung kennenzulernen, die die Menschenrechte schützte, eine Erzählung, die wir der dunklen Vision der Taliban entgegensetzten. In dieser Zeit schufen wir schöne Erinnerungen mit unserer Familie und unseren Freunden. Wir besuchten Universitäten, unterrichteten und arbeiteten für die Verwirklichung menschliche Werte. Doch trotz dieser neuen Möglichkeiten hatten unsere individuellen und kollektiven Erinnerungen in Kabul immer noch den Beigeschmack von Rauch und Explosionen. Obwohl die Taliban an den Rand gedrängt worden waren, bedrohten sie das Leben der Menschen weiterhin mit ihrem Terror. Bis sie schließlich im Jahr 2021 erneut über unser Schicksal herrschten.

Jetzt herrscht wieder Stille. Eintönigkeit hat die Gesellschaft erfüllt. Abweichende Stimmen werden nicht nur ignoriert, sondern im wahrsten Sinne des Wortes zum Schweigen gebracht. Frauen sind erneut aus dem öffentlichen Leben verbannt und in enge Räume eingesperrt. Männer stehen unter der Herrschaft der Taliban, ohne selbst über ihre Kleidung oder ihr Erscheinungsbild entscheiden zu dürfen. Die Gesellschaft ist erneut von Koranversen und Hadithen durchdrungen, während jede humanistische Perspektive an den Rand gedrängt wurde.

In einer solchen Situation flohen wir nicht nur aus unserem Land, sondern auch vor den Erinnerungen – den guten wie den schmerzhaften, die wir mit unseren eigenen Händen geformt hatten. Wir stammen aus einem Land, in dem der Klang von Explosionen allgegenwärtig war, einem Land, das uns die Stille vorenthalten hat. Unsere Erinnerungen ruhen auf den Ruinen unserer Träume, die in einem Meer aus Tränen untergegangen sind. Migration ist weniger das Ergebnis eines tiefen inneren Wunsches, sondern vielmehr die Folge des Scheiterns sozialer und wirtschaftlicher Strukturen.

Berlin: Eine andere Heimat

Zum ersten Mal habe ich Migration als Lebensweise in Deutschland erlebt. Zerstörte und zerbrochene Träume habe ich mit nach Deutschland gebracht; ein Schicksal, das viele Afghanen teilen. Hier haben sie unter Bezeichnungen wie Flüchtling, Asylsuchender oder Migrant eine neue Identität gefunden. Bis zu diesem Punkt waren wir ein „Wir". Doch seit meiner Ankunft und durch die vielfältigen Erfahrungen im neuen Lebensstil habe ich erkannt, dass wir uns täglich in „Ichs" verwandeln. Ein „Wir" ist eine Verbindung von vielen „Ichs", die dem Leben in der Heimat Bedeutung verleihen. In der Migration jedoch sind die Erfahrungen meiner Landsleute individuell. Sie unterscheiden sich in Einsamkeit, Stille, Widerstand und Sehnsucht und schaffen persönliche Erinnerungen, die so einzigartig sind wie die Menschen selbst.

Mein soziales und wirtschaftliches Leben als Migrant in Deutschland ist gesichert. Niemand hat mich hier jemals mit Gewalt bedroht, doch das Gefühl des „Nicht Anerkanntwerdens" oder Übersehen-werdens habe ich oft gespürt. Diese Ignoranz ist nichts Neues. Sie existierte schon vor mir, hier in Deutschland oder anderswo auf der Welt. Vielleicht entspringt sie dem geografischen Konzept von Heimat, das ein „Ich" und ein „Anderes" definiert. Doch innerhalb der sozialen Sicherheit Deutschlands habe ich zahlreiche Erfahrungen gesammelt und bin auf unzählige neue Heimaten gestoßen, von denen jede eine eigene Lebensweise verkörpert. Aus dieser Perspektive ist Berlin für mich eine andere Heimat, die ich als „Ort des Seins" betrachte.

Doch meine Identität verändert sich ständig. So wie ich mit der mir auferlegten Identität als Muslim hadere, empfinde ich auch die Bezeichnung Migrant oder Flüchtling als eine Last. Migration in diesem großen Land bedeutet große Schmerzen, aber auch große Freuden. Ich frage mich oft: Wo gehöre ich wirklich hin? Bin ich Migrant, Flüchtling, Exilierter oder einfach jemand, der zu einem erzwungenen Aufenthalt gekommen ist? Mit Geduld und Ruhe versuche ich, diese Fragen zu formulieren und herauszufinden, wo ich mich einordnen kann. Doch die Vielfalt des Heimatbegriffs hat mir neue Horizonte eröffnet; wie ein Seefahrer, der auf der Suche nach unbekannten Ozeanen umherirrt.

Während meiner Migration bin ich auf viele neue Heimaten gestoßen. Die Bedeutung dieses Begriffs hat sich für mich verändert: sowohl konkret als auch abstrakt. Häuser, Züge, Fremde, Randgruppen, Obdachlose, all diese Elemente sind Beispiele von Heimaten, die Menschen für sich geschaffen haben, während andere noch darauf warten, entdeckt zu werden.

Die Berliner Züge sind eine ganz eigene Form von Heimat. Berlin ist mehr als eine Geografie; es ist ein Netz von Zügen, die Fremdheit in Heimat verwandeln. In diesen Zügen begegne ich Fremden, ihren Geschichten und Lebensstilen, die sie mit sich tragen. Jeder Fremde ist eine Heimat für sich und definiert für mich das Konzept des „Anderen", das ich in Abwesenheit meiner ursprünglichen Heimat erlebe. Auch außerhalb der Züge lebt der Migrant unter Fremden, wächst in ihrer Mitte neu heran und findet neuen Halt. Fremdheit spüre ich nicht nur in Menschen, sondern auch in Straßen, Büros, Asylämtern oder in Konzepten wie Menschlichkeit, Freundschaft, Freiheit und Gesetz. Fremdheit ist für mich zu einer neuen Heimat geworden, ein Ort, an dem ich wachsen und Sinn finden kann. Die Tatsache, dass ich Fremde als Heimat oder Mitmenschen betrachte, hat mir geholfen, Unterschiede als „Vielfalt" wahrzunehmen und nicht als „Widerspruch".

Das Leben eines Migranten ist ein Schwebezustand zwischen Sesshaft und Nicht-Sesshaft. Dieses „Schweben" ist selbst eine Form von Heimat geworden. Mein Zuhause in Deutschland ist eine andere Art von Heimat; ein Ort, an dem ich über mein Schicksal nachdenken kann. Hier habe ich die Möglichkeit, über die sprachlichen und räumlichen Konzepte von Heimat nachzudenken. Zuhause kann ich über meine Heimat und die vielen neuen Heimaten reflektieren, die ich entdeckt habe. Shalina Malt, eine australische Soziologin, sagt über das Zuhause: „Ein Zuhause schwebt immer zwischen etwas Ideellem und etwas Realem." Ein Zuhause ist ein räumliches Konzept. Es existiert im Raum, muss aber kein fester Ort sein. Es braucht keine Ziegel und keinen Mörtel; es kann ein Wohnwagen, ein Karton oder ein Zelt sein. Es muss kein großer Raum sein, aber es muss Raum sein, denn ein Zuhause beginnt mit der Kontrolle über ein Stück Raum. Aus dieser Perspektive ist das Zuhause die beste Heimat, die ich momentan in Deutschland gefunden habe.

Ich denke, das Wichtigste ist das Gefühl von Zugehörigkeit und Herkunft. Wo und in was ein Mensch dieses Gefühl finden kann, ist die Heimat, in der er lebt. Ich versuche nicht, eine idealisierte Version von mir selbst oder meiner Heimat zu reproduzieren, sondern gebe mir die Freiheit, Heimat als einen „Ort des Seins" zu begreifen. Hier in der komplexen und vielfältigen Struktur Deutschlands fühle ich, wie eine Heimat in mir „heruntergeladen" wird. Das Wachsen dieser Heimat hat viele Äste und Zweige. Einerseits lerne ich die Sprache und entdecke ihre Wunder, andererseits arbeite ich an meiner Zukunft. Gleichzeitig denke ich über die Rekonstruktion meiner zerstörten Ideale nach und sehe, wie sich meine früheren kulturellen und sozialen Werte verschieben und verändern.

Deutschland mag für mich nie die Heimat im geografischen Sinne werden, doch das Leben hier zeigt mir eine neue Version von mir selbst: Wie ich Unterschiede anerkenne und versuche, mich jeden Tag neu zu erschaffen. Vielleicht ist der Mensch ein Reisender auf dieser Welt, dessen Heimat manchmal Schlaf, ein Zuhause, eine Geografie oder sogar seine Fantasie sein kann.

Übersetzung aus dem Persischen von Reyhan Rehani

Shekib Ansari,
Jahrgang 1988, wurde in Afghanistan geboren. Nach seinem Studium hatte er eine Professur in Soziologie inne und unterrichtete mehrere Jahre an verschiedenen Universitäten in Afghanistan. Neben seiner akademischen Laufbahn war er als Autor und Content Creator tätig. Als Kulturkritiker und sozialer Aktivist veröffentlichte er Artikel zu kulturellen Themen und Kritiken der politischen Entwicklung in Afghanistan. Seit einem Jahr lebt Shekib Ansari in Berlin. Während er die deutsche Sprache lernt, forscht er weiter im Bereich der politischen Soziologie und Kultur. Aktuell beschäftigt er sich mit künstlicher Intelligenz und deren Rolle bei der künftigen Content-Erstellung. Derzeit arbeitet Shekib Ansari als Redakteur und Content Creator für ein deutsches Medienunternehmen.

Abdul Wahid Rafee

Wohnung suchen,
Wohnung finden ...

Für mich ist „Zuhause" das schönste Wort der Welt. Es ist ein Raum, in dem Müdigkeit verschwindet und Freude geboren wird. Zuhause ist nicht nur ein Ort, sondern ein Gefühl. Wie ein Schriftsteller einmal sagte: „Für wahren Frieden gibt es nichts Vergleichbares als ein Zuhause."
Aber seit ich nach Deutschland gekommen bin, hat sich dieses Wort, das eigentlich Trost spenden sollte, in einen unerreichbaren Wunsch und eine mühsame Herausforderung verwandelt; etwas, das man weder erreichen noch aufgeben kann. Ich hätte nie gedacht, dass „Zuhause" für mich eines Tages gleichzeitig ein stressiger Albtraum und ein unerfüllbarer Traum sein könnte.

Seit über einem Jahr suche ich nun nach einem Zuhause, aber all meine Bemühungen waren vergeblich. Der Prozess, in Deutschland eine Wohnung zu finden, besonders in einer Großstadt wie Berlin, ist kompliziert und zermürbend. Es fühlt sich an, als würde man sich auf ein Vorstellungsgespräch vorbereiten oder ein Visum für ein fremdes Land beantragen. Zuerst muss man ein passendes Angebot finden und eine Bewerbung zusammenstellen, die alle erforderlichen Dokumente und überzeugende Begründungen enthält. Dann muss man sich regelmäßig auf den Webseiten der Wohnungsbaugesellschaften und Immobilienportale registrieren, Formulare mit größter Sorgfalt ausfüllen und alle Unterlagen einreichen. Dieser anstrengende Prozess verzeiht den kleinsten Fehler nicht. In den Formularen wird das eigene Leben regelrecht seziert, von den kleinsten Details bis zu den größten Aspekten. Man muss alles erklären: Wie alt sind Sie? Wie viele Personen gehören zu Ihrer Familie? Wie viele Erwachsene und wie viele Kinder? Haben Sie Haustiere? Trinken Sie Alkohol oder rauchen Sie? Interessieren Sie sich für Musik oder spielen Sie ein Instrument? Sind Sie berufstätig oder arbeitslos? Und natürlich: Wie hoch ist Ihr monatliches Einkommen? Kein Detail bleibt diesen Formularen verborgen.

Wenn man all diese Schritte durchlaufen hat, könnte man mit etwas Glück eine E-Mail erhalten, in der man zu einer Wohnungsbesichtigung eingeladen wird. Aber allein diesen Punkt zu erreichen, gleicht eine Reise durch sieben Prüfungen. Von Dutzenden oder manchmal Hunderten von Bewerbungen erhält man vielleicht eine einzige Antwort, die einen zur Besichtigung einlädt. Eine Einladung zur Besichtigung fühlt sich an wie ein Lotteriegewinn, aber es gibt keine Garantie, dass man auch tatsächlich die Wohnung bekommt. In meiner Heimat war alles anders. Man beschloss abends, ein Zuhause zu suchen, und am nächsten Mittag hat man nach ein paar Besichtigungen den Vertrag unterzeichnet.

Meine Kindheit verbrachte ich in einem Dorf, wo die Häuser groß und von Gärten umgeben waren. Das letzte Haus, das mein Vater baute, war ein großes Anwesen mit vierzehn Zimmern, mitten in einem Garten voller Apfelbäume und Weinreben. Vom zweiten Stock aus konnte man durch die Pappeln und Sanddornbäume weit in die Ferne schauen. Ein Teil der Aussicht war die Autobahn Kabul-Kandahar, und das Beobachten der vorbeifahrenden Autos war für uns Kinder eine spannende Beschäftigung. Meine Kindheit und Jugend habe ich auf diesem Anwesen verbracht, einem Ort, an dem „Zuhause" mit Frieden und Glück gleichzusetzen war. Die Idee, dass es eines Tages schwierig sein könnte, ein Zuhause zu finden oder dafür Miete zahlen zu müssen, war für mich vollkommen unvorstellbar. Damals war Zuhause ein Ort, an dem man das Glück spürte und umarmte, denn wer das Glück nicht in seinem Zuhause findet, wird es wahrscheinlich nirgendwo anders finden.

Jahre später, als wir nach Kabul zogen, lernte ich erstmals Begriffe wie „Mieter" und „Vermieter" kennen. Dort wurde mir bewusst, dass die Wohnungsmiete zu den größten Herausforderungen des städtischen Lebens gehört. Obwohl Kabul wie Berlin die Hauptstadt eine Landes ist, ist sie deutlich kleiner und weniger bevölkert. Der Vorteil war, dass es nicht schwer war, eine Wohnung zu finden. In Kabul spielte weder die Größe noch die Quadratmeterzahl einer Wohnung eine Rolle. Niemand fragte: Wie groß ist die Wohnung? Wie viele Zimmer hat sie? Stattdessen lautete die entscheidende Frage: Wie groß ist das Grundstück in Biswa? (Ein Biswa entspricht 100 Quadratmetern.) Die meisten Häuser in Kabul hatten eine Größe von mindestens vier Biswa und verfügten oft über einen Hof und eine kleine Grünfläche.

In Deutschland jedoch ist alles anders. Hier gleichen die Wohnungen kleinen Boxen oder Getränkedosen: abgeschlossen und beengt. Größe und Mietobergrenzen sind von Anfang an festgelegt. Nach den Regeln des Wohnberechtigungsscheins legt die Stadtverwaltung fest, welche Art von Wohnung ein Mieter abhängig von seiner Familie und seinem Einkommen beziehen darf. Ist die Wohnung auch nur einen Quadratmeter zu groß oder die Miete einen Euro über dem festgelegten Betrag, ist der Vertragsabschluss nicht erlaubt. Es fühlt sich an, als würde man in ein vorgefertigtes Grab gelegt.

Nach diesen Regeln leben wir seit fast zwei Jahren in der sechsten Etage eines Wohnheims. An fünf von sieben Tagen ist der Aufzug kaputt, und mitten in der Nacht ertönt plötzlich der Alarm, obwohl es weder ein Feuer noch eine Gefahr gibt. Als ich vor zwei Jahren das Wort „Heim" zum ersten Mal hörte, hatte ich keine genaue Vorstellung davon. Jetzt aber kenne ich die Herausforderungen dieses Lebens genau. Ein Heim bedeutet, den Alltag mit Menschen aus aller Welt zu teilen. Man könnte sagen, dass jedes Heim wie eine kleine internationale Gemeinschaft ist.

Das Erste, was man im Heim verliert, ist die Privatsphäre. In dem Heim, in dem wir leben, gibt es auf jeder Etage eine Küche mit fünf Herdplatten, die etwa zehn kleine und große Familien nutzen. Abends, zur Zeit der Essenszubereitung, vermischen sich die Gerüche von Fisch mit iranischem Reis, afrikanischen Gerichten, italienischer Pasta und türkischem Biryani. Es erinnert mich an den Fluss Ganges in Indien. An den beiden Wasserhähnen in der Küche bilden sich lange Schlangen; selbst um einen einzigen Löffel abzuspülen, muss man oft warten. Das Heim verfügt über vier Gemeinschaftstoiletten: zwei für Männer und zwei für Frauen, sowie vier Gemeinschaftsbäder, die ebenfalls nach Geschlechtern getrennt sind. In einer solchen Umgebung zu leben, bedeutet einen ständigen Kampf. Es fühlt sich an wie ein Schuss ins Dunkle, bei dem man darauf hofft, das Ziel zu treffen.

Vor Kurzem bekam ich eine E-Mail mit folgendem Inhalt: „Unter den vielen Bewerbern haben wir Sie ausgewählt, um die Wohnung zu besichtigen. Bitte erscheinen Sie am angegebenen Datum und zur festgelegten Uhrzeit." Als ich die Adresse sah, wurde mir klar, dass die Wohnung eine Stunde und 15 Minuten mit dem Zug von unserem aktuellen Wohnort entfernt war. Am nächsten

Tag machte ich mich auf den Weg, um mein Glück zu versuchen. Während der Zugfahrt dachte ich darüber nach, was alles auf mich zukommen würde, falls wir die Wohnung bekommen wurden. Ich müsste die Schule meines Sohnes wechseln, meinen Sprachkurs aufgeben und wieder von vorne anfangen. Das alles war nicht leicht, aber ich hatte keine andere Wahl.

Mit diesen Gedanken kam ich am Besichtigungsort an. Das Apartment befand sich in einer Reihe moderner Neubauten. Die Fassade erinnerte mich an die Wohnblocks von Makroyan, wirkte jedoch moderner und eleganter. Vor dem Gebäude hatte sich eine große Menschenmenge versammelt, die ungeduldig darauf wartete, dass es endlich 15 Uhr wurde. Pünktlich erschien ein Mann im eleganten Anzug. Mit seiner förmlichen Erscheinung erinnerte er mich an einen Flugbegleiter in einer Boeing 777. Mit lauter Stimme kündigte er an: „Die Bewerber für den Termin um 15 Uhr, bitte bereitmachen!" In diesem Moment wurde mir klar, dass bereits am Vormittag um 10 Uhr eine Gruppe von Bewerbern da gewesen war und eine weitere Gruppe für 16 Uhr vorgesehen war. Der Mann begann damit, die Bewerber nach der Anzahl der gewünschten Zimmer zu sortieren. Zuerst waren die Interessenten für Zweizimmerwohnungen an der Reihe. Ihre Ausweise wurden überprüft und mit einer Liste abgeglichen, bevor sie die Wohnung besichtigen durften. Ich wartete geduldig in der Menge, da ich mich für eine Vierzimmerwohnung beworben hatte.

Schließlich war unsere Gruppe an der Reihe. Als ich die Wohnung betrat, bemerkte ich sofort, dass es nur eine einzige Vierzimmerwohnung gab. Doch das, was ich sah, war enttäuschend: Die Zimmer wirkten wie winzige Einzelzellen, kaum groß genug, um ein Bett hineinzustellen. Sie erinnerten mich an die Sicherheitsgefängnisse in Herat. Der einzige Unterschied war, dass es hier glücklicherweise eine separate Toilette außerhalb der Zimmer gab. In einer Zimmerecke entdeckte ich zwei Löcher in der Wand, die offenbar als Wasserleitungen gedacht waren. Man erklärte mir, dass dies die Küche sei. Erst da verstand ich, dass in Deutschland die Küchenausstattung häufig nicht in der Wohnung enthalten ist und die Mieter die Küche auf eigene Kosten einbauen müssen. Das einzig wirklich attraktive Element der Wohnung war der Balkon. In Deutschland scheint ein Balkon genauso wertvoll zu sein wie die Wohnung selbst. Alle Bewerber machten begeistert Fotos davon. Es war der Mittelpunkt der Wohnung, während der Rest eher nebensächlich wirkte.

Nach der Besichtigung verabschiedeten sich die Mitarbeiter des Gebäudes höflich, aber mit kühler Distanz: „Haben Sie die Wohnung gesehen? Wir hoffen, sie hat Ihnen gefallen. Wir schicken Ihnen eine E-Mail. Bitte warten Sie auf unsere Nachricht. Tschüss!"

Einige Tage später erhalten die meisten Bewerber dann wohl die gleiche Nachricht: eine standardisierte E-Mail, die automatisch verschickt wird: „Vielen Dank für Ihr Interesse und die Besichtigung. Leider konnten wir Sie nicht für diese Wohnung berücksichtigen. Wir wünschen Ihnen viel Erfolg bei der weiteren Suche."
Und jetzt warte auch ich darauf, diese E-Mail zu erhalten.

Übersetzung aus dem Persischen von Reyan Reyhani

Abdul Wahid Rafee,
Jahrgang 1971, ein afghanischer Schriftsteller und
Menschenrechtaktivist. Er begann seine Kariere als
Journalist und Redakteur Anfang der 2000er-Jahren
bei der Zeitschrift National Unity in Kabul. Er hat
mehrere Werke veröffentlicht, darunter Ashar (2008),
das in Afghanistan als „Buch des Jahres" ausgezeichnet
wurde, und Gharqawi (2022). Seine Geschichten
wurden vielfach ausgezeichnet, einige seiner Werke
wurden ins Deutsche übersetzt. Neben seiner literari-
schen Arbeit war Abdul Wahid Rafee fast zwei
Jahrzehnte bei der Afghanischen Unabhängigen
Menschenrechtskommission tätig. Im Juni 2022 wurde
er über ein humanitäres Aufnahmeprogramm nach
Deutschland evakuiert und lebt seitdem in Berlin, wo
er sein Engagement für Literatur und Menschenrechte
fortsetzt.

Nadiia Kulish

Ein Haus in Berlin

Ein deutsches vierstöckiges Haus. Ein Gebäude aus der Gründerzeit in Berlin-Charlottenburg. Eine Zwei-Zimmer-Wohnung im zweiten Stock ohne Fahrstuhl. Unsere Sachen herzuschaffen war überhaupt nicht schwer, denn alles, was wir hatten, waren Kleidung und Schuhe, die uns netterweise ein Berliner überlassen hat, als wir noch bei ihm untergebracht waren. Außerdem schenkte er uns Handtücher und Küchengeschirr. Die Wohnung zeichnet sich durch ihren großzügigen Schnitt aus, die Decken sind mindestens drei Meter hoch. Deswegen hängen noch keine Lampen dran, dafür muss eine hohe Leiter her.

In einer Ecke des Schlafzimmers steht ein hoher, hellblau gekachelter Ofen. Genau die gleichen Kacheln zierten das Bad meiner Kindheit. Auch der Backofen im Haus meiner Eltern hatte diesen zarten hellblauen Ton. Damit enden die Gemeinsamkeiten. Ich war 15 Jahre alt, als ich die Wohnung meiner Eltern und mein sorgenfreies Leben verließ. Danach kamen Studentenwohnheime und Familienwohnungen. Irgendwann trennte ich mich und mietete mir eine Zwei-Zimmer-Wohnung im Erdgeschoss.

Die Wände unserer neuen Wohnung sind dick, der Boden aus Holz und nicht aus Linoleum oder Laminat wie in der sowjetischen Platte. Nachts wirst du hier nicht das Bett des Nachbarn von oben quietschen hören. Und du selbst brauchst dir auch keine Sorgen zu machen, wenn dir einmal im Moment von Nähe und Kontrollverlust ein Schrei herausrutscht. Er wird deine Nachbarn auf keinen Fall wecken, solange die Fenster geschlossen sind.

Ich gehe in die Küche, um eine Orange und einen Apfel in Stücke zu schneiden. Damit sie nicht braun werden, mache ich es kurz vor seiner Ankunft. Aus der Schublade hole ich ein großes, scharfes Messer. Damit lässt sich die Orange leicht in schmale Halbmonde schneiden. Dieses Messer hat er mir letztes Mal mitgebracht. Er wollte mir helfen, das Abendessen vorzubereiten, aber ich hatte nur ein kleines Messer da. Deswegen kam er zum nächsten Treffen mit mehreren Messern verschiedener Größen.

Das Gebäude, in dem wir jetzt wohnen, hat sicher den Zweiten Weltkrieg überlebt. Überhaupt waren laut Historikern 1945 nach Kriegsende nur elf Prozent aller Berliner Wohnhäuser komplett zerstört, acht Prozent stark beschädigt, zehn Prozent mussten repariert werden und die restlichen 70 Prozent konnten bewohnt werden. Es fällt nicht schwer, sich vorzustellen, wer hier früher gelebt haben könnte. Ob hier ein Offizier der Wehrmacht wohnte, den es in die Sowjetukraine verschlagen hat? Oder eine alleinerziehende Mutter, deren Sohn eingezogen wurde und nie zurückgekehrt ist? Ob die Mutter danach selbst das Brennholz für den Ofen hochschleppen musste, solange sie Kraft dazu hatte? Ob hier ein kinderloses Paar lebte? In der Ukraine ist ein Haken in der Decke des Schlafzimmers ein Hinweis darauf, dass in der Wohnung Kinder aufgewachsen sind, denn daran wurden die Wiegen aufgehängt. Sie hingen direkt am Bett, so konnte die Mutter oder der Vater das Kind nachts wiegen, ohne aufzustehen. Ob hier wohl solche Hängewiegen einmal in Mode waren?

Und diese Kneipe an der Straßenecke, wie lange gibt es sie? Hat sie Erich Maria Remarque ab und zu besucht, dessen Initialen eine Tafel an einem Haus 200 Meter von hier zieren? Genau dort hat er Im Westen nichts Neues geschrieben. An der nördlichen Front, wo wir vor unserer Flucht waren, gab es nach 53 Tagen Bomben und Beschuss auf Tschernihiw sehr viel Neues. Die russische Armeeführung wollte die regionale Hauptstadt Tschernihiw einnehmen und über die Schnellstraße Richtung Kyjiw weiterziehen. Die heftigen Gefechte hielten fünf Wochen an, aber die russische Armee konnte nicht bis Tscherni- hiw vordringen. Nach einer Reihe militärischer Rückschläge zogen sich die russischen Truppen Anfang April aus der Region zurück. Nach Schätzungen der Militärverwaltung wurden in diesem Zeitraum etwa 500 Zivilisten getötet und über 1500 verwundet. Während der Besatzung wurde zivile und kritische Infrastruktur in der gesamten Region massiv geschädigt, der Wohnungsbe- stand einiger Dörfer zu 60–70 Prozent zerstört.

Vielleicht mussten im Herbst 1938 jüdische Bewohner aus dieser Wohnung fliehen? So viele Stolpersteine liegen vor dem Haus. Ganze Familien sind umgekommen. Gut möglich, dass hier nach der Teilung Berlins Franzosen gewohnt haben, Charlottenburg gehörte ja zum französischen Sektor.

Höchstwahrscheinlich waren die ersten Eigentümer dieser Wohnung nicht besonders wohlhabend. Die Küche ist winzig, es gibt keinen Balkon, keine Badewanne und keinen Stuck an der Decke, und eine Dienstmädchenkammer wie in anderen Häusern dieses Stadtteils gibt es ebenfalls nicht.

Nachdem ich das Gemüse geschnitten habe, gucke ich nach dem warmen Gratin im Backofen und gehe ins Wohnzimmer. Dort fällt mir der Wäscheständer auf. Die Kleidung ist schon trocken, sodass ich sie wieder in den Schrank einräumen kann. Anfangs habe ich meine Wäsche auf einem kleinen Heizkörper im Schlafzimmer getrocknet und die Bettwäsche an die Zimmertür gehängt. Man kann sich nicht über Nacht mit allem eindecken. Als ich mit hohem Fieber krank im Bett lag, kam er uns fünf Tage hintereinander jeden Abend nach der Arbeit besuchen. Er brachte mir Medikamente und Essen, spülte das Geschirr, wusch meine Wäsche, ging mit meiner Tochter im Park spazieren und half ihr bei den Hausaufgaben. Einmal hatte er sich schon verabschiedet und war gegangen, aber klingelte zehn Minuten später wieder an der Tür. Als ich aufmachte, stand er lächelnd mit einem Wäscheständer da. „Bis ihr einen neuen besorgt, tut es der hier auch. Jemand auf eurer Straße hat ihn rausgestellt", erzählte er fröhlich. Ich will, dass der Wäscheständer uns so lange dient wie nur möglich, ich will keinen neuen. Er war extra zurückgekommen und hatte seine Bahn verpasst, um uns dieses unerwartete Geschenk zu machen.

Ich gehe ins Schlafzimmer und trage ein wenig Parfüm auf. Dann werfe ich einen Blick in den Spiegel und richte mir die Haare. Ich trete ans Fenster und öffne einen Flügel. Die Fenster unserer Berliner Wohnung gucken in den Innenhof, der so klein ist, dass hier nicht einmal Kinder Platz zum Spielen haben. Deswegen ist es hier so leise, dass man hört, wie ein Vogel vom Ast auffliegt, um auf einem anderen Baum zu landen. Das Fenster im Schlafzimmer liegt gegenüber dem Hofeingang. Überall in Berlin wurden die Häuser um Innenhöfe gebaut, nicht in Blöcken, wie in der Ukraine. Ich finde, das hat eine Menge Vorteile. Zum Beispiel ist es gut für das Sozialleben. Ich muss nur daran denken, das Fenster zu schließen, bevor er mich auf den Händen ins Bett trägt, um die Nachbarn nicht zu stören.

Ich erinnere mich daran, wie ich in der Ukraine aus dem Schulkeller zu meinem Haus eilte, um für die Evakuierung zu packen. Es war die zweite Woche in Folge, in der russische Truppen versuchten, die Verteidigung der Stadt zu durchbrechen. Trotz des ständigen Beschusses und der Gefahr, verwundet zu werden, stand am Eingang ein Mann Wache. Ich sollte nachweisen, dass ich in diesem Haus wohne und nicht hineinrenne, um etwas zu stehlen, oder, noch schlimmer, Mitglied eines russischen Sabotagetrupps bin. Er wollte meinen Reisepass sehen. Was zum Teufel, dachte ich. Meine Tochter ist allein im Keller, ich habe keine Zeit zu verlieren, könnte von einer Rakete getroffen werden, oder aber der Keller, in dem meine Tochter schläft, könnte getroffen werden – und ich muss diesem Fremden etwas beweisen. „Und wer bist du? Vielleicht willst du mich als Geisel nehmen. Vielleicht bist du Russe und willst in meine Wohnung einbrechen und etwas stehlen oder an mein Essen?", konterte ich. Seine Zivilkleidung verriet allerdings, dass er kein Russe war. Er nannte mir seinen Namen und die Nummer seiner Wohnung. Ich nahm den Schlüssel aus meiner Jackentasche und sagte, das solle ihm Beweis genug sein, schließlich würde ich nicht durchs Fenster in die Wohnungen klettern.

Meine Wohnung befand sich im ersten Stock eines fünfstöckigen Gebäudes. Es gab keinen Aufzug. Ich musste nie die Treppe hoch. In der Nähe unseres Hauses gab es auch keinen Spielplatz, auf den ich mit meiner Tochter hätte gehen können, sodass ich nach den drei Jahren, die wir dort wohnten, keinen einzigen Nachbarn kannte. In Berlin wiederum habe ich mich vom ersten Tag an mit nahezu allen Nachbarn angefreundet. Man kann nie wissen, dachte ich. In dem Keller, in dem wir Unterschlupf gesucht hatten, waren etwa 200 Menschen und niemand, den ich bitten konnte, auf meine Tochter aufzupassen, während ich weg war. Was ist, wenn in Berlin der Krieg ausbricht und wir alle für längere Zeit in einem Keller zusammenleben müssen? Dann hätte ich wenigstens jemanden, den ich bitten könnte, sich um meine Tochter zu kümmern.
Ich bin die einzige Ukrainerin in diesem Haus. Deswegen bin ich für meine Nachbarn die Projektionsfläche für die Sitten, das Leben, die Traditionen und

den Charakter aller Ukrainer, denn außer mir haben sie noch nie näher mit uns zu tun gehabt. Vielleicht haben sie früher nicht einmal zwischen Ukrainern und Russen unterschieden.

Ich stehe verträumt am Fenster und warte darauf, ihn im Hof zu sehen, um ihm entgegenzukommen und die Tür zu öffnen. Ich will keine Minute unseres Treffens vergeuden. Zuerst sehe ich seinen Löwenzahnkopf, den er im niedrigen Durchgang zum Hof einziehen muss. Bei klarem Wetter sieht es aus, als würden seine leichten, freiheitsliebenden Locken in alle Richtungen davonfliegen. Und bei Regen sind sie wie die erste Morgenwolke am Himmel, dicht und klar umrissen. Er trägt einen Rucksack. Eine Papierrolle guckt raus. Was für Blumen es wohl diesmal sind? Ach egal, er wählt immer Blumen mit dem Duft meines früheren Zuhauses. Er weiß viel über die Ukraine, hat als Kind sogar mein Heimatland besucht. Jetzt, in meiner Berliner Übergangswohnung, werden mich neben den Kacheln am Herd auch die Blumen, die er mir schenkt, an daheim erinnern, vielleicht werden es die gleichen sein, die meine Mutter vor ihrem Haus gepflanzt hat.

Es klingelt an der Tür. Ich öffne und umarme ihn, als ob ich in ihn hineinwachsen würde. Ich werde zu einem grünen, jungen Efeu, der an den grauen deutschen Hauswänden hochkriecht. Ich schließe die Augen und halte den Atem an, um seinen Körper besser riechen zu können. Er riecht nach Frieden, nach Heimat. Wenn er in der Nähe ist, fühle ich mich wie zu Hause.

Nadiia Kulish,
Jahrgang 1987, wurde in der Ukraine geboren. Die
Journalistin ist 2022 mit ihrer Tochter nach Berlin
geflohen und hat einige Artikel im Tagesspiegel
veröffentlicht. Sie liebt kreatives Schreiben und hat in
ihrer Heimat bereits einen Gedichtband veröffentlicht.

Hêvî Qiço

Der Hausschlüssel

Als mir der Vermieter den Hausschlüssel übergibt, betrachte ich ihn lange und halte ihn liebevoll in meiner Hand. Als ich seine scharfen Kanten berühre, kommen mir viele Fragen in den Sinn. Ein überwältigendes Gefühl lässt mich weinen, weil ich ihn einfach so besitzen kann.

Die Erinnerung führt mich weit zurück. Große Entfernungen trennen mich von der Heimat, den Gassen und Straßen, auf denen ich aufgewachsen bin. Die Erinnerung trägt mich zu den Lehmhäusern der Stadt, die einst unsere zerbrechlichen Körper beherbergten.

Ich erinnere mich an den Tag, an dem ich dich als meine Heimat erkannte und unsere Blicke sich trafen, wie zwei Flüsse, die leidenschaftlich in die Seen unserer Augen flossen, wo sie sich vereinten.

Ich erinnere mich an die frechen Dinge, die wir gemeinsam auf dem Webstuhl der Liebe gesponnen haben und die uns zum Vorbild aller Liebenden in der verrückten Stadt machten. Zwei weitere Verrückte schlossen sich der Karawane der Liebe an, so sagte man.

Ich dachte zurück an meinen alten Traum: einen Schlüssel zu haben zu einem kleinen Nest, das uns Schutz bieten würde. Wir würden die Tür schließen und es wäre unser Zuhause – das wir nie gehabt hatten.

Ich sehnte mich nach einer eigenen Küche. Immer, wenn ich sie verlasse, bin ich traurig, und wenn ich sie wieder betrete, bemerke ich den Jasminduft an meinem Körper und in den Hausfluren. Eine kleine Küche, in der wir kochen, was uns schmeckt. Die Gewürze würden nie endende Küsse sein.

Ich träumte von einem kleinen Zimmer für unser Baby, das mit der Farbe des Himmels und mit Licht geflutet ist. Das Baby würde den Raum mit Freude füllen, und sanfte Musik im Hintergrund gibt uns Geborgenheit.

Ich verband viel Hoffnung mit diesem Schlüssel. Ich dachte, er könnte negative Energien bannen und mir innere Zufriedenheit schenken. Doch ich hatte diesen Schlüssel nie wirklich in der Hand, nicht bevor ich an diesem abgelegenen Ort im Norden gelandet bin.

Ich weiß noch, wie ich dich angefleht hatte, meinen Wunsch zu erfüllen. Doch du zogst es vor, bei deiner großen Familie zu bleiben.

Viele Dornen verwundeten unseren Körper, behinderten unsere Schritte und brachten uns Schmerz und Leid. Wir erlitten viele Niederlagen, und wenn wir fielen, reichte uns niemand die Hand. Trotzdem warst du zuversichtlich und hofftest, dass unsere katastrophale Lage eines Tages ein Ende finden würde. Das hast du jedenfalls immer gesagt. Wusstest du nicht, dass das Leben kurz ist?

In dem vermeintlich großen Haus besaß ich nur ein kleines Zimmer. In meinem Bauch trug ich ein kleines Geschöpf, das bald auf die Welt kommen würde. Wie konnte ich ihm Sicherheit bieten? Wie würde es bei all dem Lärm einschlafen können?

Eine große Familie mit Wurzeln, die bis in die Ewigkeit reichen, ein Haus, das allen gehört, die es betreten. Privatsphäre gibt es nicht. Nichts gehörte uns, und unser Leben bekam Risse.

Du hast mich immer beruhigt: „Wir werden hier weggehen." Aber wegen der Familie sind wir geblieben, und eine Menge Ärger mit der Familie war das Ergebnis. Diese Probleme machten es unmöglich fortzugehen. Jahre später brachte ich ein weiteres Kind zur Welt. Nichts änderte sich, und du sagtest weiterhin, du würdest einen Weg finden, die Probleme zu lösen. Dann könnten wir entscheiden, was wir tun. Die Probleme wuchsen, schufen neue Probleme, und dann bist du für immer fortgegangen, ohne uns. Und ich wurde in meinen jungen Jahren mit zwei kleinen Kindern zur Witwe.

Du hast allem den Rücken gekehrt und bist ohne ein Wort des Abschieds gegangen. Du hast uns zurückgelassen – eine hilflose Familie, die Tag für Tag ihrem Schicksal ausgeliefert war. Eine kleine Familie, die allem ausgesetzt war: Verleumdung, Schmähung und Erniedrigung.

Es gab keine Sicherheit und keinen Job, der mich davor bewahrt hätte, die Brüder meines Mannes um Almosen bitten zu müssen. Wer Arbeit hat, verdient Geld, und wer Geld hat, hat das letzte Wort. Wie sollte diese mittellose Familie aus diesem Käfig ausbrechen, wenn sie den Sitten und Gebräuchen einer konservativen Familie ausgeliefert war? Du musst dich in Geduld üben, vielleicht öffnen sich eines Tages die Türen der Hoffnung für dich, sagte ich mir.

Meine beiden Kinder wurden größter, und noch immer schmachteten wir im Haus der Familie, ohne Privatsphäre oder Kontrolle über das eigene Leben. Es war widerwärtig.

Einen kleinen Hoffnungsschimmer gab es für mich: einen Job zu bekommen. Die Bedingung war ein Schulabschluss. Und so zögerte ich nicht, legte ihn ab und wurde eingestellt. Ich arbeitete fast fünf Jahre lang in drei Jobs, sehr zum Leidwesen der Familie meines Mannes. Sie boten mir die Summe an, die ich jeden Monat verdiente, unter der Bedingung, mit der Arbeit aufzuhören. Sie waren überrascht, dass ich ihr Angebot vehement ausschlug und mich nicht unterkriegen ließ. Mir wurde klar, dass ich von meiner Arbeit leben wollte, und dass es mir schwerfallen würde, diese Haltung aufzugeben.

Ich beschloss, mich neben meiner Arbeit an der Universität einzuschreiben. Ich tat es ohne zu zögern. Ich war glücklich, trotz der Traurigkeit, die ich manchmal empfand. Ich bat niemanden mehr um Hilfe und wollte nie mehr die mitleidigen Blicke meiner Schwager erleben, wenn sie mir Geld gaben. Ich war wie neugeboren, nicht mehr die zerbrechliche Frau, die sich mit allem zufriedengeben musste, um zu überleben. Aber es blieb nicht so, wie es war. Das Böse lauerte an jeder Ecke. Es gab viele gefährliche Ereignisse, die Sicherheitslage war schwierig, und ISIS-Zellen waren überall.

Sicherheit ist eine wichtige Voraussetzung im Leben eines Menschen. Als wir sie verloren, beschlossen wir auszuwandern und all unsere Erinnerungen zurückzulassen. Meine Wurzeln wurden gegen meinen Willen aus dem Boden gerissen. Vielleicht würden sie eine Weile überleben, vielleicht würde ich einen neuen Boden finden, der sie nährt.

Die Reise von 21 Tagen war kurz im Vergleich zu den Erfahrungen anderer Menschen. Doch für mich war es schwierig, weil ich zuvor außer meiner Heimatstadt noch keinen anderen Ort betreten hatte. Nun bin ich in Deutschland, nachdem ich viele Länder durchquerte, von denen ich in meiner Jugend nur gehört hatte.

Ich erinnere mich an die Stimme des Anrufers auf Arabisch, als wir in Österreich ankamen: „Ihr seid jetzt in Sicherheit. Es gibt keinen Kummer und kein Leid mehr. Ich weiß, dass ihr in euren Ländern und auf dem Weg hierher viel gelitten habt, aber all das ist jetzt Erinnerung. Ihr habt das Recht auf Asyl in Österreich, und wenn ihr wollt, könnt ihr auch nach Deutschland gehen. Ihr seid willkommen."

So beschlossen wir, in Deutschland Asyl zu beantragen. Es war viel los im Sammellager. Die Zahl der Flüchtlinge war groß, die Stimmen laut, aber das Beruhigende war, dass es nur vorübergehend war. Waren die Papiere fertig, konnte man ein Zimmer in einer anderen Unterkunft finden, die Tür hinter sich schließen und in Ruhe schlafen. Und später vielleicht eine kleine Wohnung, in der wir uns sicher und geborgen fühlen.

Etwas mehr als ein Jahr später haben wir eine Wohnung gefunden. Wir nahmen sie, ohne darüber nachzudenken oder sie vorher gesehen zu haben. Ich traute meinen Augen nicht, als ich den Schlüssel erhielt. Ich dachte zunächst, ich hätte nur geträumt. Ich konnte icht glauben, dass ich jetzt ein Zuhause hatte. Eine Heimat!

Die Heimat, die ich verloren habe und der ich mich nicht mehr zugehörig fühlte, habe ich hier gefunden. Bitte verzeiht mir, dass ich meine ursprüngliche Heimat durch diese neue ersetzt habe. Ich bin heute von niemandem abhängig und werde nicht gezwungen, etwas zu tun, das sich nicht will. Jetzt, wo ich eine anständige Arbeit habe, spüre ich meine Menschenwürde, die ich so oft vermisst habe.

Heimat ist dort, wo sich der Mensch sich sicher fühlt und respektiert wird.

Aus dem Arabischen von Mustafa Al-Slaiman

Hêvî Qiço,
Jahrgang 1972, wurde in Syrien geboren und lebt
als Autorin in Berlin. Sie beschreibt sich als einen
Menschen, der im Leben voller Hoffnung weitergeht,
sowohl als Frau, als Mutter als auch als Autorin.
In ihren Texten spiegeln sich viele Themen aus
Vergangenheit und Gegenwart, im Zentrum stehen
feministischen Themen, Heimat, Exil, Identität und
ihr Alltag in Berlin.

Mehran Behrouzfaghani

Ein Konzert

Die Sonne war noch nicht über Berlin aufgegangen, als eine neue Gruppe ukrainischer Geflüchteter mit dem Bus in Tegel ankam. Jeder von ihnen hatte das Wichtigste, was er besaß, dabei: ein paar schmutzige Stofftaschen, Koffer mit kaputten Rädern und Rucksäcke. Wie in den vergangenen Wochen waren die Sozialarbeiter in blauen Westen und die Dolmetscher in orangefarbenen Westen im Tegeler Ankunftszentrum bereit, den Menschen zu helfen, die nach Deutschland flohen.

Seit den ersten Wochen des russischen Angriffs auf die Ukraine war Tegel, das früher ein Berliner Flughafen war, zu einer vorübergehenden Unterkunft für Kriegsflüchtlinge geworden, fast wie ein großes Zuhause, in das täglich Hunderte von Menschen kommen, um vorübergehend unter einem Dach zu leben, ohne Angst vor dem Krieg.

Am Tag nach der Ankunft der Reisenden kam ein großer, breitschultriger Mann mit glattem Haar, das wie die Mähne eines Pferdes aussah, zu dem Empfangstresen, an dem ich und meine Kollegen in blauen Westen saßen. Nachdem er seine Brust aufgerichtet hatte, fragte er mich:

„Sprichst du Ukrainisch?"

Ich zuckte mit den Schultern, was so viel wie „nein" bedeutete, aber schnell sagte ich: „Nur Englisch, Deutsch, Persisch." Dann fügte ich hinzu, dass er warten müsse, bis ein Dolmetscher käme. Der Mann wirkte enttäuscht, drehte sich aufgeregt um und krümmte sich, wie ein Kind, das seine Mutter verloren hatte. Einen Moment lang schien er kurz davor zu sein, in Tränen auszubrechen.

In der Zwischenzeit fragte ich mich, warum ich Persisch erwähnt hatte. Vielleicht lag es daran, dass viele Iraner in der Ukraine studieren und dieser ukrainische Mann womöglich ein wenig Persisch verstand.

In seiner Verzweiflung und meiner Stille stellte der Mann seinen Rucksack und einen großen schwarzen Kasten, der etwa so groß wie er selbst war, auf den Boden. Er warf einen Blick auf mich und zuckte mit den Schultern. Ich weiß nicht, wie viele Tage er diesen schweren Kasten getragen hatte und von wo bis wohin, und ich hatte nicht das Bedürfnis, ihn zu fragen.

Ein paar Momente später, während er mit den Fingern seiner rechten Hand über seinen langen Schnurrbart fuhr und sich an den Barthaaren zupfte, sagte er auf Englisch:

„Schauen Sie, ich will nur ein ruhiges Zimmer um zu spielen!" Dabei zeigte er auf den großen schwarzen Kasten.

Aus Respekt für den Künstler stand ich auf. In seinem markanten Gesicht sah ich eine Art Verwirrung. In seinen durchdringenden Augen, die wie der Haken eines Fischers wirkten, konnte ich einen Hauch von Stolz erkennen.

Ich fragte: „Sind Sie Musiker, Komponist oder Dirigent?"

Der Mann antwortete ungeduldig: „Ich spiele Cello. Ich bin ein gewöhnlicher Musiker. Meine Finger sind seit Wochen steif und fühlen nichts mehr." Dann fügte er hinzu, dass er nur nach einem leeren Raum suchte, um zu spielen.

Ich schwieg für einen Moment, um ihm zu zeigen, dass es in dieser Krisensituation, in der täglich Hunderte von Menschen aus den Kriegsgebieten der Ukraine nach Tegel kommen, sehr schwierig war, ein freies Zimmer zu finden.

Vorsichtig sagte ich: „Hier leben alle zusammen in großen und kleinen Räumen. Wir haben wirklich kein passendes freies Zimmer, aber …"

Der Mann fragte: „Aber was? Habe ich eine Chance?"

Ich sagte dem Musiker, ich würde mit dem Schichtleiter sprechen, um vielleicht ein kleines Zimmer für ihn zu finden.

Als der Musiker das hörte, setzte er sich in der Nähe seines Instruments auf den Boden.

Nach ein paar Telefonaten dachte ich, wie gut es war, dass ich das Wort „passend" betont hatte, denn wenn wir wirklich keinen geeigneten Raum finden konnten, würde ich mich noch mehr ärgern. Ich zählte die Minuten, bis der Schichtleiter mich anrief und hoffentlich eine positive Antwort hatte.

In der Zwischenzeit bot ich dem Musiker an, sich auf einen der Stühle zu setzen.

Ich fragte: „Übrigens – wollen Sie Tee oder Kaffee?"

„Kaffee bitte, wenn's geht mit etwas Milch, aber ohne Zucker."

„Tatsächlich haben wir hier viel Milch und Zucker."

Der Mann antwortete ohne Zögern: „Aber ihr habt keine freien Zimmer." Während er seinen Kaffee trank, erzählte er, dass er nach Tagen des Wartens an der Grenze endlich zusammen mit einer Gruppe seiner Landsleute nach Polen und dann nach Berlin gelangt war. Während unseres Gesprächs wiederholte er mehrmals, dass er keine Nachrichten von den anderen hatte und immer noch verwirrt und erschöpft sei.

Für mich war dies eine Gelegenheit, mit einem Künstler zu sprechen, der aus dem Krieg in der Ukraine geflüchtet war – ein Krieg, von dem manche sagten, er würde in wenigen Tagen vorbei sein, aber er dauerte nun schon Wochen und täglich kamen Menschen aus verschiedenen Kriegsgebieten nach Polen und Deutschland.

Ich sagte: „Übrigens, ich habe Sie gestern gesehen, als Sie als Sie in Tegel ankamen. Ich bin froh, dass Sie jetzt hier sind."

Der Mann nickte zufrieden und sagte: „Glücklicherweise ist unser Zimmer nicht sehr voll und meine Mitbewohner machen keinen Lärm."

Ich wollte ihm von den Neuigkeiten und Ereignissen in der Ukraine erzählen, zum Beispiel, dass einige lokale Musiker in der Stadt Dnipro im Osten der Ukraine trotz der Gefahr von russischen Bombenangriffen immer noch in der Stadt geblieben waren und den Menschen mit Musik auf den Straßen Mut machen. Aber diese Worte hätten keine Wirkung gehabt, außer Missverständnisse zu schaffen. Stattdessen mussten wir uns darauf konzentrieren, ein passendes Zimmer für den Musiker zu finden.

Ich suchte nach etwas, um den Musiker abzulenken, der nur auf die leer Kaffeetasse starrte. Ich wollte etwas sagen, als einer meiner Kollegen mit einer Notiz hereinkam – einer kurzen Notiz auf Deutsch mit einigen Rechtschreibfehlern. Ich steckte sie in meine Tasche.

Ich fragte den Musiker: „Noch einen Kaffee?"

Er deutete auf die Notiz und fragte: „Ist die Antwort negativ?"

Ich sagte: „Keine Sorge, das Zimmer ist bereit."

Der Musiker sprang vor Freude auf, wie ein Kind, das ein Geschenk bekommt: „Ich kann es kaum glauben, lass uns gehen, ich bin bereit!"

Er konnte es kaum fassen, dass wir in so kurzer Zeit ein passendes Zimmer für ihn gefunden hatten – ein Ort, an dem sein Spiel niemanden stören würde und er selbst seine Ruhe haben konnte.

Seit diesem Tag hatte der Musiker ein Zimmer im Untergeschoss des alten Tegeler Flughafens. Bis zu seiner Abreise aus Tegel übte er jeden Tag in drei Schichten, um, wie er sagte, zu verhindern, dass seine Finger steif wurden.

Eines Tages bat er mich, eines seiner Konzerte zu hören. Ich nahm die Einladung gerne an. Ich stellte mich in eine Ecke des Zimmers. Er stimmte sein Instrument mehrmals sorgfältig. Dann schwang er den Bogen und war bereit zu spielen. Ich schloss meine Augen, um mich der Musik hinzugeben. Eine Minute verging, aber ich hörte keinen Ton vom Cello. Besorgt, dass etwas passiert sein könnte, öffnete ich meine Augen und sah, dass die Schultern des Musikers bebten, aber sein Stolz verhinderte, dass er laut weinte.
Es vergingen einige kalte und schwierige Momente in diesem leeren Raum im Untergeschoss des Tegeler Flughafens, und dann sagte der Musiker: „Dieser Krieg hat mir alles genommen. Nur ich und dieses Instrument sind geblieben. Und nach all diesen Wochen bist du der einzige Zuschauer meines Solo-Konzerts."

Mehran Behrouzfaghani,
Jahrgang 1970, wurde im Iran geboren und ist
Journalist. Er kam 2017 nach Deutschland und war
u.a. bei der Persischen Redaktion der Deutschen Welle
und bei Radio Connection e.V. tätig. Aktuell arbeitet
er als Betreuer für Geflüchtete.

Racha Fahs

Zwischen Beirut und Berlin: Die Suche nach einer Identität

Es scheint, als hätte ich begonnen, mich an das Leben in Berlin zu gewöhnen: an die breiten Straßen, die langen Zugfahrten, die vielen Menschen an den Bahnhöfen und das Warten an den Ampeln. Ich habe mich vielleicht auch an das wechselhafte Wetter, die Currywurstbuden und die mobilen und stationären türkischen Dönerbuden gewöhnt. Und an das Schawarma in der Araberstraße – besser bekannt als Sonnenallee – das Makdous aus eingelegten Auberginen im Restaurant „Almadinah", und die Quarkbällchen (Labneh) scheinen sogar einen Ersatz für die unvergessliche Küche meiner Mutter zu bieten. Doch auch wenn die Menschen in dieser Stadt gerne und vielfältig essen, besitzt niemand die Präzision und Geduld, mit der meine Großmutter ihre Frakah und Vorräte zubereitet hat. Auch die Oliven hier schmecken nach nichts, und die Minze ist viel zu scharf.

Warum ist das Essen plötzlich so wichtig, obwohl ich immer dachte, dass ich mit einem einfachen Sandwich mit Oliven und Tomaten auskommen könnte? Selbst das Brot, das wir in Beirut stets gemieden haben, weil es dick macht und schlecht ist für die Verdauung, ist auf einmal lebenswichtig. Verleiht der Verlust den Dingen nicht einen ganz besonderen Wert?

Wir leben mit unseren Erinnerungen an die Küche unserer Herkunft und teilen den Alltag und die Themen der Literatur mit den wenigen Freunden in der neuen Stadt. Die kurzen Gespräche über Poesie, Kunst und Träume verleihen unserem Leben Freude, und das Warten wird erträglicher. Heute verbindet mich eine späte Liebe mit Berlin. Ich liebe die Menschen in dieser Stadt und ihre Sprachvielfalt. Auf der Straße und im Zug lausche ich den Gesprächen und versuche herauszufinden, welche Sprachen sie sprechen. Türkisch, Russisch, Englisch, Arabisch – oder andere Sprachen, die ich nicht zuordnen kann. Oft genügt es, mit einem deutschen Freund über die Geschichte einer Straße, den Namen eines Vogels oder regionale Gebräuche zu sprechen, um meine Lebensfreude nicht zu verlieren. Beim Deutschkurs frage ich meine afghanische Kollegin nach Khaled Hosseini, Yasmina Khadra, Kabul und ihrer Zeit im Iran. Mit meinem spanischen Kollegen rede ich über die Arbeitslosigkeit dort. Mit meiner aus Chile stammenden Deutschlehrerin versuche ich, über die Gräueltaten während der Militärdiktatur zu sprechen, die ich in einem Film über die „Colonia Dignidad" gesehen habe. Mit ihr spreche ich auch über die letzten Filme von Fatih Akın und erzähle von der Explosion am 4. August in Beirut und den Alpträumen, die mich seitdem bis nach Berlin verfolgen, obwohl ich hier sicher in meinem Bett liege. All das sind nur Worte, der Versuch einer Ertrinkenden, sich am Schaum festzuhalten.

Ich bin fasziniert von den Berliner Gärten und den weitläufigen Wäldern. Jede Blüte, die ich neu entdecke, macht mir Freude. Als hätte ich erst hier erfahren, dass Blumen, Bäume und Vögel Namen haben. Ist es nicht seltsam, dass man den wilden Radicchio hier nicht sammelt und verzehrt, wie meine Mutter es tat? Ich empfinde Freude an den Vögeln auf den Bäumen, den Enten und den schwarzen Augen des Eichhörnchens.

Ich habe begonnen, die deutsche Sprache zu lieben, wenn ich sie höre, verleiht mir das Zuversicht. Ihre Redewendungen merke ich mir gerne. Wusstet ihr, dass es den Deutschen ähnlich wie den Arabern geht? Die Liebe geht in der deutschen Sprache durch den Magen, viele Köche verderben den Brei, und wie im libanesischen Dialekt haben Menschen, die einen grünen Daumen haben, ein besonderes Talent für Gartenarbeit.

In meiner neuen Heimat fürchtet niemand Armut, weil der Staat sich um die Arbeitslosen kümmert, um ihren Lebensunterhalt, ihre Unterkunft, ihre medizinische Versorgung und die Schulbildung der Kinder. Auch Arme können mit öffentlichen Verkehrsmitteln fahren, Tanz- und Musikschulen besuchen, ins Kino, ins Museum oder ins Schwimmbad gehen – vergünstigt oder kostenlos. Die Leute tragen, was sie wollen. Kaum jemand achtet extrem auf Mode und Trends. Nur wenige gehen regelmäßig zum Friseur oder färben sich die Haare. In diesem Land habe ich erfahren, wie der Staatspräsident undogmatisch und nicht verlogen zu den Menschen spricht. Hier erreichen Frauen ebenso gute Positionen wie Männer. Hier werden Politiker zur Rechenschaft gezogen. Hier haben Transparenz und Demokratie eine Bedeutung. Hier muss niemand mit Strom- oder Wasserausfällen rechnen. Hier muss niemand um sein Leben fürchten.

Ich bin glücklich über die Entdeckung dieser Stadt und ihrer Menschen. Viele gratulieren uns, dass wir es geschafft haben, auf die Arche Noah zu steigen. Vielleicht wissen einige nicht, dass eine Sisyphusarbeit auf unseren Schultern lastet, ganz gleich, an welchem Ort wir uns befinden. Ich laufe durch die Straßen Berlins und denke mit Wehmut an Beirut. Ich gehe die Friedrichstraße oder den Alexanderplatz entlang und stelle mir die Alhamra-Straße in Beirut vor. Ich sehne mich nach dem Meer von Beirut, wenn ich die Spree sehe. Ich reise allein in die Vergangenheit, das Lied von Ahmad Qabour summend: „Gehe wohin du willst, Beirut ist die Seele, wenn du es rufst, erscheint das Meer auf der Stelle." Sind unsere Seelen womöglich in Beirut geblieben? Wir, die mit sogenannten Ausländern verheirateten libanesischen Mütter, wie das libanesische Gesetz uns bezeichnet, deren Kindern die libanesische Staatsbürgerschaft verwehrt ist, wurden schon in unserer Heimat zu Flüchtlingen gemacht. Wie kann ich noch Beirut rufen, während es von tauben, stummen, blinden und dümmlichen Politikern regiert wird? Wir sind weder von hier noch von dort. Möge der Wille unserer Kinder geschehen! Er soll ihr Licht und ihre Zukunft sein!

Aus dem Arabischen von Mustafa Al-Slaiman

Racha Fahs,
Jahrgang 1984, wurde in Beirut geboren und kam
2020 im Rahmen des Familiennachzugs nach Berlin.
In Beirut arbeitete sie im Bereich Schreiben und
Forschung. Seit ihrer Ankunft in Berlin befasst sich
Racha Fahs intensiv mit der deutschen Sprache und
bildet sich beruflich weiter.
Ihr Text reflektiert ihre persönliche Reise und das
Gefühl, zwischen zwei Welten gefangen zu sein. So
wie es Mahmoud Darwish in seinem Gedicht
beschreibt: „Ich bin von dort. Ich bin von hier, und
doch bin ich weder dort noch hier".

Pavlo Kravtsiv

Zu verschenken

Mein Vater war ein Jäger. Und ich war sein Sohn.
Mein Vater sprach nicht viel. Aber einmal sagte er: „Dein Leben sollte aus
deinen Trophäen bestehen. Du kannst viele Kinder und Errungenschaften
haben, denk aber daran, dass du ohne Trophäen nie existiert hast."

Dann starb mein Vater und ich landete in Berlin. Das ist in Deutschland. Ein
Ukrainer in Berlin, ohne Kenntnisse der Sprache und der Sitten des Landes.
Es war eine seltsame Zeit. Ich fand mich hier und wurde zu jemandem, der
von den einen verurteilt und von den anderen mit einer Mischung aus Verständnis und Misstrauen behandelt wurde.

Ich hatte ein Telefon. Ich habe ein Telefon. Ein Smartphone. In einem Versuch, die mit sinnlosem Geplapper verschwendete Zeit zu reduzieren, wird
das Smartphone hier als „Handy" bezeichnet.

Und so habe ich auf Anraten einiger Fremder, dich ich kenne, eine weitere
App auf meinem Handy installiert. Jeder hier kennt die App, mit der man
etwas aus zweiter Hand kaufen kann oder einfach etwas für seine schönen
Emigrantenaugen bekommt, das hier niemand braucht, das man aber für
absolut unbezahlbar und schön zum Anfassen und Anschauen hält.

„Hirschgeweih" – das ist die Anzeige, die ich in diesem Handy, in dieser App,
in diesem Leben und unter diesen Umständen gefunden habe. Die magische
Aussage „Zu verschenken", die der Anzeige hinzugefügt wurde, hob sie in den
Himmel. Dieser Satz hat hier nur eine einzige Bedeutung: „nimm es weg,
denn es macht mich krank".

Ich hatte noch eine andere App auf meinem Handy, die mir half, mit den Einheimischen auf eine verdrehte und schräge Art zu kommunizieren. Diese App half mir, die Adresse herauszufinden und zur Tür des Hirschgeweih-Besitzers zu gelangen.

Warum brauchte ich ein Hirschgeweih?

Mein Vater war ein Jäger. Und ich war sein Sohn. Er sagte, dass ich in meinem Leben auf jeden Fall Trophäen sammeln müsse. Und als ich diese Anzeige sah, erkannte ich eine einfache Wahrheit: Man muss nicht seine eigenen Trophäen gewinnen, man kann sie von jemand anderem übernehmen.

Ein Handy ist eine coole Sache. Es half mir, die Adresse des Besitzers des Objekts meiner Begierde ohne Zwischenfälle zu erreichen. Ich habe selbst an der Tür geklingelt.

Eine Frau öffnete die Tür. Sie lächelte freundlich und bat mich herein. Als sie meinen beunruhigten Blick bemerkte, zog sie sich zwei Schritte ins Haus zurück. Das Hirschgeweih schwang auf ihrem Kopf hin und her.
Ich überschritt die Schwelle und schaffte es, einen einzigen Satz herauszuquetschen, den ich mit der Kraft der Gedanken und der Tinte der Scham in meinen Hypothalamus tätowieren musste: „Entschuldigung".

Es war ein sonniger Tag. Das Wetter war feucht und tropisch. Die Frau trug ein T-Shirt und eine weite Jogginghose zusätzlich zu ihren Hörnern. Ich trug ebenfalls ein T-Shirt und eine Unterhose (ich nannte sie aber lieber Shorts).

Aus irgendeinem Grund wich ich, als ich die Hörner auf dem Kopf der Frau sah, nicht zurück, sondern ging einen Schritt auf sie zu. Drinnen angekommen, schloss ich automatisch die Tür hinter mir.

Ich ging die Liste der apologetischen Worte durch, die ich hier bereits gelernt hatte, und formte im Gedanken einen Satz, um das Ausmaß meiner Überraschung auszudrücken. Doch bevor ich etwas sagen konnte, sagte die Frau: „Du musst es abschneiden."

Ich hörte und verstand jedes Wort und machte zwei weitere Schritte auf sie zu. Da bekam die Frau plötzlich einen Schreck und forderte mich auf, meine Schuhe auszuziehen.

Das gelernte und seelenlose „Entschuldigung" rutschte mir wieder aus dem Mund und ich trat aus meinen Schuhen. Als ich auf Socken den gestrichenen Holzboden betrat, und fast sagte, dass mich das alles nicht wundere, sagte die Frau:
„Vergiss nur nicht, die Hungrigen zu füttern."

Ich streckte mich und hielt den Atem an.

Jetzt konnte ich sie endlich sehen, und sie konnte mich sehen. Wir sahen uns an.
„Gut", murmelte ich.
„Und jetzt lass uns gehen", sagte die Frau, nahm meine Hand und führte mich tiefer ins Haus.

Diese Frau hatte Beine, Hüften, Rücken und Schultern. Das war es, was ich sehen konnte, als ich ihr folgte. Außerdem hatte sie eine kalte Hand und keine Haare auf dem Kopf. Stattdessen hatte sie ein Hirschgeweih, das ich nun aus einem anderen Blickwinkel sah. Wir gingen den Korridor entlang und landeten in der Küche. Hier ließ sie meine Hand los und gab mir ein Zeichen, mich zu setzen.

Ich muss sagen, dass man hier, in diesem Land, in dieser Stadt, unter allen Umständen und wo immer man sich befindet, immer einen bequemen Platz findet. Ich habe ihn sofort gefunden. Und ich setzte mich hin. „Kaffee?" fragte die Frau.

Aus irgendeinem Grund nickte ich zustimmend mit dem Kopf. Die Frau drückte einen Knopf an der Kaffeemaschine, und diese unwirkliche Realität wurde abrupt von dem mechanischen Geräusch unterbrochen. Während der Kaffee gebrüht wurde und die Maschine ein unangemessen scharfes und unregelmäßiges Brummen von sich gab, sprach die Frau zu mir. Ich habe ihren Mund nicht gesehen. Und wie es im Leben, in einem Märchen oder in einer Anekdote sein sollte, überlagerte das Schnauben und Grunzen der Maschine die Rede der Frau genau in dem Moment, als sie etwas absolut Wichtiges sagte.

Die Stimme der Frau war ruhig und gemächlich. Jetzt fiel mir auch auf, dass ihre Jogginghose bunt und ihr T-Shirt weiß war, mit Blutspuren an der rechten Schulter. Die Frau sagte also:
„Vergessen Sie nicht zu füttern … Du schuldest niemandem … Nimm nur …. mit". Was ich nicht hören konnte, wurde überlagert von der Geräuschkurve der Kaffeemaschine. Anscheinend war Deutsch ihre Muttersprache. Und obwohl ich fast nichts hörte, hatte ich das Gefühl, dass sie diese Sprache nicht nur sprach, sondern atmete.

Als der Kaffee fertig war, nahm die Frau zwei Tassen in die Hand und drehte sich zu mir um.
Sie schaute und ich sah.

Sie trat näher an mich heran und setzte sich auf den Stuhl neben mir. Ich zwang mich, vom Hirschgeweih herunterzuschauen, und erkannte, dass ihre Augen keine Farbe hatten. Überhaupt keine Farbe. Sie waren weder weiß noch durchsichtig. Sie hatten keine Farbe.

Die Frau war wunderschön. Die ganze Situation hatte etwas Kindisches und Verbotenes. Ich konnte die Gerüche ihres Zuhauses spüren, die für mich neu waren. Und den für mich neuen Geruch ihres Körpers. Und was hat sie gefühlt?

Die Frau stellte die Kaffeetassen auf dem Tisch zwischen uns ab und sagte:
„Trink, schneide und geh."

Gehorsam begann ich zu trinken. Ich nahm einen Schluck. Der Kaffee war erstaunlich bitter und … bitter. Während ich an meinem Kaffee nippte, dachte ich, ich müsste es sagen, und das tat ich dann auch:
„Ich bin ein Schriftsteller …."
„Du bist ein Niemand", hauchte die Frau, drehte sich um, schlug eine Schublade zu und legte ein großes Messer auf den Tisch zwischen die Tassen.
„Schneide es ab", artikulierte sie fast lautlos.

Ich blinzelte und erinnerte mich an meine Kindheit. Ich erinnerte mich an diesen seltsamen Moment, wenn man amerikanische Filme mit einer synchronisierten Tonspur schaut, wo alles so gemacht wird, dass man keinen seiner Verständnismuskeln anstrengt und müde wird. Doch die Lippenbewegungen der Schauspieler stimmten nie mit dem überein, was man hörte. Ein weiterer Schluck Kaffee brachte mich in die Realität zurück und machte mir klar, worum es in diesem Flashback ging: Die Lippenbewegungen der Frau passten nicht zu den Worten, die ich sie sagen hörte.

Es war, als wäre ich eingeschlafen, aufgewacht und wieder eingeschlafen.
„Verstehst du mich?", fragte ich.
„Verstehst Du mich?", fragte die Frau und zeichnete einige unzusammenhängende Hieroglyphen auf ihr Gesicht.
„Ja", bestätigte ich.
„Dann schneide es ab und geh."

Aus irgendeinem Grund wollte ich das Messer, das Blasen schlug und warm von Blut war, nicht loslassen. Ich stand von hinten über ihr, und sie war unter mir. Ich musste ihren Kopf mehrere Male berühren. Die Haare auf ihrem Kopf unter dem Geweih waren nicht abgeschnitten worden. Es war überhaupt kein Haar vorhanden. Aber das wurde mir erst jetzt klar. Erst jetzt, als ich das Messer in der einen und das Hirschgeweih in der anderen Hand hielt.

Die Frau sank langsam zu Boden. Ich spürte es an meinen Knien, an der Haut unterhalb des Knies, an meinen Knöcheln und Zehen. Sie drehte sich und brach so unnatürlich zusammen, dass ihre Augen an die Decke starrten. Aber es war klar, dass ihre Augen kaum etwas sehen konnten.
Ihr Körper zitterte, aber aus ihrer Kehle röchelte es unaufhörlich:
„Vergiss nur nicht, die Hungrigen zu füttern. Vergiss nur nicht, die Hungrigen zu füttern …"
Es schien der letzte Moment in meinem Leben zu sein, in dem ich Kontrolle und Macht hatte. Und deshalb klang meine letzte Frage wie ein Befehl:

„Wer bin ich?"

„Du bist ein Niemand".

Pavlo Kravtsiv,
Jahrgang 1987, wurde in Estland geboren und hat in
der Ukraine als Schauspieler, Regisseur und Autor
gearbeitet. Er schreibt Gedichte, Theaterstücke und
Kurzgeschichten. Er sagt von sich: Schreiben ist das
Wichtigste in meinem Leben.

Hadia Armaghan

Bildung, Arbeit, Freiheit

Sie sitzt hinter ihrem Schreibtisch. Immer wieder betreten Frauen den Raum und verlassen ihn wieder. Manche tragen blau gefältelte Schleier, die man Tschador nennt. Andere sind mit geschwollenen, blauen Gesichtern und Spuren von Misshandlung gezeichnet. Einige kommen mit Tränen in den Augen, voller Trauer und Schmerz. Doch die Frau auf der anderen Seite des Schreibtisches bleibt standhaft. Mit unerschütterlicher Geduld hört sie die Geschichten jeder einzelnen Klientin an. Leise murmelt sie vor sich hin: „Was ist nur los heute? Warum gibt es so viel Gewalt?" Dann wendet sie sich wieder dem Ausfüllen der Formulare zu, in denen sie die Gewaltfälle dokumentiert.

Name: Rabia
Vatername: Mohammad Khan
Wohnort: Mazar-e-Sharif, Afghanistan
Beschwerde: Schläge durch den Ehemann

Name: Fatima
Vatername: Ghorban Ali
Wohnort: Kabul
Beschwerde: Sexuelle Belästigung

Name: …

Und so geht es weiter mit einer Vielzahl ähnlicher Fälle. Nachdem sie mehrere Formulare ausgefüllt hat, streckt sie sich kurz, lehnt sich in ihrem Stuhl zurück und seufzt: „Hoffentlich ist das der letzte Gewaltfall für heute." Diesmal sitzt ein junges Mädchen vor ihr. Sie trägt ein schwarzes Kleid und ein weißes Kopftuch; die Schuluniform des Landes. Ihre Augen leuchten wie Sterne, und ihre Stimme ist so zart, dass sie kaum zu hören ist:

"Gnädige Frau, mein Name ist Zahra. Ich bin 15 Jahre alt und gehe in die zehnte Klasse. Vor ein paar Tagen haben die Taliban unser Dorf eingenommen und unsere Schule geschlossen. Aber ich habe große Träume. Ich möchte weiter lernen und eines Tages Ärztin werden."

Während sie mit dem Saum ihres Kopftuchs spielt, fährt sie fort: „Ich bin nicht allein. Hunderte Mädchen wie ich träumen davon, zur Schule zu gehen. Bitte tun Sie etwas. Wir wollen lernen."

Die Frau hinter dem Schreibtisch setzt ihre Arbeit fort und notiert als Beschwerde: Bildungsverbot.

Zahra, deren Augen voller Hoffnung auf die Wiedereröffnung ihrer Schule leuchten, sagt:

„Die Regierung wird sicher bald Druck auf die Taliban ausüben, und unsere Schule wird wieder öffnen."

Die Frau, die seit dem Morgen unermüdlich Gewaltfälle dokumentiert hat, ist erschöpft und fühlt sich hilflos. Sie weiß nicht, was sie Zahra sagen soll. Da klingelt ihr Telefon. Es ist ein Anruf von einer Kollegin der Menschenrechtskommission. Sie sagte mit gedrückter Stimme: „Die Taliban sind in der Stadt. Du musst das Büro sofort verlassen."

Die Frau blickt in Zahras unschuldigen Augen. Wortlos erhebt sie sich, schleppt sich hinaus; ins Nichts, in die Zerstörung, in die Dunkelheit.

Nun sind drei Jahre vergangen.

Wie durch ein Wunder hat die Frau überlebt. Doch diesmal sitzt sie hinter einem anderen Schreibtisch. Es ist nicht mehr der Schreibtisch in Kabul, an dem sie Gewaltfälle registrierte. Es ist ein Schreibtisch in einem Deutschkurs in Berlin. Auf ihrem Gesicht liegen Spuren von Erschöpfung und Hoffnungslosigkeit.

Drei Jahre lang hat sie versucht, die Sprache zu lernen und sich in die neue Heimat einzufügen. Immer wieder sagt sie sich: Diese Geschichte ist vorbei. Die Geschichte der Mädchen in Afghanistan geht dich nichts mehr an. Doch das stimmt nicht. Diese Geschichte hat für die Frau, die seit drei Jahren in einem sicheren europäischen Land lebt, nie geendet.

Obwohl sie sich bemüht, in ihrer neuen Heimat ein Leben aufzubauen, bleibt das Gefühl der Fremdheit. Sie wurde in eine fremde Welt geworfen, nicht aus eigenem Willen, sondern um zu überleben. Um die Stimme der vielen Mädchen zu sein, die in Afghanistan unter der Herrschaft der Taliban leiden. Sie hat sich bemüht, Deutsch zu lernen und sich ein neues Zuhause aufzubauen. Doch Zahras Gesicht ist nie aus ihrem Gedächtnis verschwunden. Zahra, deren Geschichte nun die Geschichte vieler anderer Mädchen geworden ist. Viele Zahras, die auf den Straßen protestierten, die inhaftiert und ausgepeitscht wurden, die aber niemals aufgaben.

Die Frau holt ihre Tochter von der Schule ab. Sie hat sie in eine sichere Heimat gebracht, damit ihre Träume nicht zerstört werden. Sie freut sich, dass ihre Tochter in einer der besten Schulen Berlins lernt. Doch in ihren Gedanken kehrt sie immer wieder zu den Mädchen in Afghanistan zurück.
An einer Straßenecke bleibt sie stehen, hält ein Plakat hoch, auf dem steht:
"Die Welt darf die Mädchen in Afghanistan nicht im Stich lassen.
Bildung, Arbeit, Freiheit!"

Ihre Gedichte tragen nun den Klang des Protests, genauso wie ihr Leben.

Ihr Schrei
Der Schmerz haftet an mir und meinen Töchtern.
Mitten in der Nacht kam der brutale Mann
Und Gott kam uns nicht zu Hilfe.

Mein eigener Schrei
Mein Körper fiel neben den Schreibtisch.
Mein Gesicht, blau und geschwollen, verborgen,
während mein Kopf tausend Fluchtwege plante.

Unser gemeinsamer Schrei
Vor den Toren der Universität stehend,
Angesichts einer Geschichte, die wir bekämpfen,
und einer Geschichte, die uns schreiben wird,
Wir, ein Heer ohne Nader Schah*.

Übersetzung aus dem Persischen von Reyhan Reyhani

*Nader Schah (1688–1747) war ein persischer Herr-
scher, bekannt für seine militärische Stärke und seine
Eroberungen. Sein Name steht hier symbolisch für
einen fehlenden, aber dringend benötigten starken
Anführer, der den Frauen in ihrem Kampf zur Seite
stehen könnte.

Hadia Armaghan,
Jahrgang 1992, wurde in Afghanistan geboren, wo sie
eine Bachelorabschluss in Jura gemacht hat. Sie war für
die deutsche Bundeswehr tätig und hat bis zur
Rückkehr der Taliban bei der afghanischen Menschenrechtskommission in der Abteilung Gewalt gegen
Frauen gearbeitet. Sie schreibt seit vielen Jahren
Gedichte, eine Sammlung ihrer Werke wurde veröffentlicht. Seit August 2021 lebt sie in Berlin.

Fevzi Cetin

Obdachlos!

An einem Herbsttag schien die Sonne mal hell, mal versteckte sie sich hinter dunklen Wolken. Oder beide kämpften mit aller Kraft. In meiner Heimat war die Sonne ziemlich heiß. Hier spürte ich für einen Moment tief in meinem Herzen, dass wir uns nach dieser Sonne sehnten.

Vielleicht suchte ich in den Seitenstraßen Berlins nach der „Geschichte" meiner Vergangenheit, die ich hinter mir gelassen hatte. Wenn Sie mich fragen, welche Geschichte, dann weiß ich nicht genau, welchen Zeitraum sie umfasst, denn ich habe neben meiner eigenen noch viele andere Geschichten angesammelt. Jeder Tag hat eine Farbe, und auf der Suche nach diesen Farben gibt es endlose Geschichten von endlosen Abenteuern …

Vor vielen Türen in der Nähe der Samariterstraße sind Stolpersteine in den Boden eingelassen. Die quadratischen, goldgelben Plaketten sind eine tiefe Spur und Erinnerung an den Zweiten Weltkrieg. Sie sind die konkretesten Beispiele dafür, dass in diesen Häusern Juden lebten, die dem Völkermord zum Opfer fielen. In gewisser Weise haben sie die Funktion einer Urkunde darüber, wem diese Häuser gehörten. Auf einem Stolperstein steht: Alexander ADAM JG.1868, ermordet: Am 19.12.1941. Wie ein kleines Denkmal für den Völkermord und den Krieg, der die Welt in Schutt und Asche legte. Die dunklen Wolken am Himmel haben sich verzogen und sind einer strahlenden Sonne gewichen.

Als ich die Samariterstraße betrat, lud mich ein weißbärtiger Obdachloser mittleren Alters, der mit einem Schachspiel und zwei Bierflaschen vor einer Tür saß, mit einer Geste ein, mich zu ihm zu setzen. Das Schachspiel und diese Szene weckten tiefe Gefühle in mir. Ich erinnerte mich daran, dass ich seit vielen Jahren kein Schach mehr gespielt hatte. Also begab ich mich sofort zu ihm.

Er hatte seinen ersten Zug gemacht, seinen Bauern von d2 nach d5 gezogen. Dann war ich an der Reihe. Ein Zug folgte dem anderen. Wir hatten kurz Blickkontakt. Er bot mir freundlich ein Bier an. Ich erwiderte höflich, dass ich nicht trinke. Neben seiner Tasche lagen einige Bücher. Die Schachnovelle von Stefan Zweig war darunter. Sein schmutzig-weißer Bart und seine Haare waren zerzaust. Der Dreck, den er über die Jahre angesammelt hatte, hatte seine innere Welt nicht verschmutzt. Er schaute mir in die Augen und sein rebellisches Lächeln schien mir etwas sagen zu wollen.
„Das muss Gottes Zeichen der Unvollkommenheit sein", sagte ich mir. Manchmal, wenn er spuckte, blieb die Spucke an seinem Bart kleben.

Wir versuchten uns zu unterhalten, ein paar deutsche Sätze flogen durch die Luft.
Als ihm mein Zug nicht gefiel, rief er: „Verdammt! Als müsste ich für alle Sünden der Menschheit büßen, passieren mir in letzter Zeit ständig blöde Sachen. Heute hat mich jemand so komisch angeschaut, als er an mir vorbeigegangen ist. Die sind gierig, die haben vor lauter Geld das Leben vergessen. Und dann kommen sie und schauen auf mich herab. Sie arbeiten und ich lebe. Ich lebe seit drei Jahren auf der Straße. Ich habe kein Zuhause, aber ich bin glücklich, ich lese jeden Tag Bücher. Mein Zuhause sind diese Steine, und diese Straßen sind meine treuesten Freunde geworden."

Während wir unsere Züge machten, erzählte er seine Geschichte.
Als er sagte: „Ich bin obdachlos", leuchteten seine Augen. Er ist obdachlos und arm, aber er macht keine Kompromisse, wenn es darum geht, ein rebellisches Lächeln zu zeigen.
Sobald er sagte: „Ich bin obdachlos", stiegen tiefe Gefühle in mir auf. Schmerz, Traurigkeit und lang zurückliegende Erinnerungen blitzen in mir auf.

Es war genau dreiundzwanzig Jahre her, dass ich mein Zuhause und die Menschen, die ich liebte, verlassen musste. Ich hatte so viel Schmerz, Trauer und und bittersüße Erinnerungen angesammelt. Wer hatte nicht alles den tiefen Schatz meines Gedächtnisses durchwandert ... Die Sehnsucht nach einem Zuhause und dem Leben in einem freien Land war schon immer wichtig gewesen.

Wahrscheinlich konnte ich deshalb nirgendwo innehalten; es gab ja keinen Ort, wo man hätte innehalten können! Mit einer großen Hoffnung war ich ständig unterwegs. Die Sprache verboten, das Land besetzt, und dass der Krieg, der seit Jahren tobte, immer noch nicht wirklich wahrgenommen wurde, hatte meinen Schmerz wahrscheinlich verdoppelt. Meine Heimat Kurdistan war wie mein Herz in vier Teile geteilt. Ein Teil meines Herzens ist in den Gräbern meines Landes, ein Teil ist in den Bergen, ein Teil ist auf der Straße und ich bin seit sieben Jahren hier. Die Verzweiflung tobt in mir. Und ich tue so, als würde ich leben, mit einem zerrissenen Körper.

Ja, ich hatte ein Zuhause. Seit dreiundzwanzig Jahren habe ich drei Viertel meines Lebens in der Illegalität und auf der Suche nach einem Zuhause verbracht.

Die tiefen Spuren meiner Kindheit, dieses Haus, ein Steinhaufen, ein Filmstreifen der harten, verblassten Vergangenheit in grauer Farbe, diese Steine, zu Dutzenden aufgereiht. Verputzt mit grauer Erde, ein Versteck für Stimmen. Steinhaufen, in denen sich mündliche Geschichten ansammeln. Ein Haus der Hoffnung, diese Erdkrumen, die manchmal Gegenstand von Liebesgeschichten sind. Wo sich unsere Gefühle treffen, während wir uns in den unterirdischen Gängen der angesammelten Erinnerungen verlieren ... Auch wir hatten damals zuhause Sterne, die wir liebten, wir hatten unseren Himmel und unsere Wolken. Wir hatten unsere Träume und unsere Sonne, die jeden Morgen aufging, und unsere bunten Tauben, die bei Sonnenaufgang mit den Flügeln schlugen. Wir liebten sie alle, ohne Berechnung, ohne uns jemandem zu beugen, frei ... Diese Mauern, in denen Frieden und Widersprüche aufeinandertrafen und die glücklichsten Gefühle zuhause waren. Die schelmischen Berührungen, die sich in schmutzigen Kleidern verbargen, vermischt mit dem Schweißgeruch von tausend und einem Kind. Mein Haus, in dem unbestimmte Stimmen inszeniert wurden ... Die endlosen Geschichten, die wir im flackernden Licht der Petroleumlampen hörten, und die jene dunklen Nächte erhellten.

Ich war erschrocken, als er sagte: „Bitte mach deinen Zug!"
Ich drohte mit Schach, indem ich meinen Läufer auf e1 nach b6 zog.

„Es fällt mir sehr schwer, diesen faulen König zu beschützen, aber das Spiel verlangt es halt, dass du ihn beschützt", sagte er und lachte. Er gestikulierte nach oben. „Selbst Gott ist dieser menschlichen Kreatur nicht gewachsen."
„Ist das Leben grausam oder sind es die Menschen? Oder ist es das System? Vielleicht hat Gott uns aus der Welt der Barmherzigkeit vertrieben?" ging mir durch den Kopf.

Seine Hände waren schmutzig, schwielig und aufgerissen. Seine Kleidung war von Schmutz verfärbt, ein Teil seines Körpers war durch die zerrissene Hose zu sehen. Von Zeit zu Zeit wischte er seine zerrissenen Schuhe mit einem Papiertaschentuch ab, als wolle er damit vor mir angeben. Ängstlich wie ein Vogel sah er sich um. Es war, als würde die Zeit für ihn nicht vergehen. Oder als hätte er die Zeit aufgegeben. Er hatte sich eine Welt in seiner eigenen widersprüchlichen Welt geschaffen. Wie ein Derwisch, der ruhig ist und jeden Augenblick auskostet, schien er es zu lieben, auf der Straße zu sein und auf der Straße zu leben.

Nach einer Weile machte er einen sehr geschickten Zug, indem er meinen Turm auf h1 mit seinem weißen Läufer auf e4 schlug. Er lächelte triumphierend über das ganze Gesicht.
„Obwohl Gott mich verstoßen hat, bin ich bei klarem Verstand", sagte er und fragte: „Kennst du Albert Einstein?"
„Nicht persönlich, aber ich habe irgendwo über ihn gelesen", antwortete ich. Er bekam einen Lachanfall. Seine Nase lief, er wischte sie mit der Hand ab und lachte wieder.
„Ich habe ihn auch nicht gekannt, aber als ich meinen Zug gemacht habe, habe ich an seinen berühmten Würfelspruch gedacht. Er hat gesagt: ‚Gott würfelt nicht, denn er ist der Würfel selbst.' Ich würfle nicht, ich denke mit dem Kopf."
Ich antwortete höflich: „Ich frage mich, was Albert Einstein sagen würde, wenn er dich in diesem Zustand sehen würde, obdachlos und unter schwierigen Bedingungen in einer kosmopolitischen Stadt im Europa des 21. Jahrhunderts, in einer Zeit, in der die Technologie so weit fortgeschritten ist."

Unsere Blicke trafen sich, und ohne Antwort erschien ein leichtes Lächeln auf seinem Gesicht.

Ich fragte ihn direkt: „Magst du mir deine Geschichte erzählen?"

Ich schlug seinen Springer auf h1. Er war ganz auf die Partie konzentriert. Er war still und in Gedanken versunken. Manchmal konzentrierte er sich auf die Partie, manchmal reiste er in die Ferne. Vielleicht war er auf dem Weg zu seiner eigenen Geschichte, einer schmerzhaften Geschichte, die in den Steinmauern verborgen war. Er war verloren in den Hoffnungen, Träumen oder der Ungewissheit, die er in seinem Herzen nährte.

Seine Augen waren feucht, ich zeigte auf den Zug, den ich gemacht hatte, ohne zu übertreiben.

Er erschrak einen Augenblick, dann trat er aus den Tiefen seiner eigenen Vergangenheit in die Seitenstraßen Berlins. Nachdem er seinen Zug gemacht hatte, sagte er: „Ich suche keine Wohnung, ich bin mit mir im Reinen, und ich möchte meine Geschichte nicht erzählen."

Dann wartete er auf meinen Zug.

In diesem Moment verlor ich mich in seiner Geschichte. Mein 23-jähriges Abenteuer unterschied sich nicht sehr davon. Ich war immer auf der Suche nach etwas. Ich musste zu Fuß durch so viele Länder reisen, das war der Preis dafür, dass ich mich gegen Ungerechtigkeit auflehnte. Es gab auch keinen Ort für mich, an dem ich anhalten konnte. Ich erinnerte mich an ein Gespräch mit meiner Mutter.

Sie sagte: „Sogar ein Bus hat eine Haltestelle, aber was ist mit dir? Du hast weder eine Haltestelle noch einen Ort zum Anhalten. Du weißt nicht einmal, wo du aufhören sollst!"

Und ich hatte gesagt: „Das stimmt überhaupt nicht, mein Zuhause ist diese Welt, also bin ich jetzt ein Weltbürger, ich halte an, wo ich bin."

Ich hielt das für einen gelungenen Witz. Einer, der einem tragikomischen Leben entsprach. Der Klang meines inneren Schreis, der Klang meines Weinens und der tiefe Nachhall meiner Traurigkeit blieben in mir verborgen.

Jetzt lastet der Klang der Ferne, das Volkslied der Ferne, der Geruch und die Geschichte meines Landes schwer auf meinem Herzen. Was ist das für ein Gewicht, vielleicht ein Schluck Wasser, eine Handvoll Erde oder die unbekannte Geschichte der Asche als Überbleibsel des Feuers ... Ein Wort, ein Gefühl, eine Berührung bringt mich zu diesen Steinmauern zurück. Das Haus meiner Kindheit, der Schatz meiner Erinnerungen. Es bringt mich zurück zu diesem kindlichen Lächeln, zu diesem Haus aus Stein und Lehm, in dem das Leiden seinen Platz gefunden hat. Ein Teil von mir ist jetzt Exilant und Flüchtling ...

Ich zog mit meiner Dame von c5 nach f2 und sagte: „Schach Matt".
Er riss die Augen auf. Er schaute mich an, dann das Spiel, dann die Verteidigung hinter meiner Dame. Der triumphierende Ausdruck auf seinem Gesicht wich der Traurigkeit.
Er sagte nur: „Herzlichen Glückwunsch" und zog an seiner Zigarette.
„Wie heißen Sie?" fragte ich ihn.
Er griff zu seinem Mantel, holte eine Zigarette und zündete sie an. Dann schaute er in den Himmel.
„Ich möchte meinen Namen nicht sagen. Aber du kannst mich Obdachlos nennen."
Und ich fand mich in seiner Geschichte wieder. In diesem Moment war ich in darin verloren.

Übersetzt aus dem Türkischen von Recai Hallaç

Fevzi Cetin,
Jahrgang 1986, ist kurdischer Herkunft und wurde in
der Türkei geboren. Er ist Autor von zwei Büchern
und Mitglied des kurdischen PEN-Zentrums. Er lebt
als politischer Flüchtling seit fast sieben Jahren in
Deutschland.

Abdul Zahir Eztarabi

Die Schritte der Fremde

Halima, die Großmutter, ist heute glücklicher als sonst. Vielleicht liegt ihre Freude daran, dass der Schmerz, der sie so lange gequält hatte, endlich verschwunden ist. Es war ein etwa walnussgroßer Knoten an der Rückseite ihrer Hand, der sie über Jahre hinweg plagte. Keine Medikamente hatten geholfen, bis sie, wie Tausende andere, vor zwei Jahren nach Deutschland flüchtete. Nach zahlreichen Besuchen im Martin-Luther-Krankenhaus wurde sie behandelt, der Schmerz verschwand, und es kostete sie keinen Cent.

In den ersten Monaten nach ihrer Ankunft war die Großmutter voller Sorgen über die Zukunft ihrer Familie. Sie war müde und niedergeschlagen. Oft sprach sie mit sich selbst, während sich Tränen in ihren Augen sammelten und dann langsam die feinen Linien ihres Gesichts hinabflossen.

"Was sollen wir hier bloß anfangen? Fremd mit allem, der Sprache, den Menschen, den Gesetzen und Regeln."

Doch die Zeiger der Zeit drehen sich weiter: Tick, tick, tick. Und mit jedem Ticken verändert sich alles. Ja, auch die Großmutter verändert sich. Anstatt in einer Ecke zu sitzen, in Trauer zu versinken und mit sich selbst zu sprechen, lernt sie nun von der Zeit. Jetzt besucht sie nicht nur Sprachkurse und erledigt die Hausarbeit, sondern übernimmt auch die Einkäufe für die Familie. In jeder freien Minute übt sie Lesen und Schreiben. Und wenn es ihr gelingt, nach Tagen mühevoller Wiederholungen ein neues deutsches Wort zu lernen, spricht sie es laut aus, voller Stolz und mit einem Lächeln. Sie hat ihren Spaß daran, es ihren Kindern vorzuführen, um zu zeigen, dass sie auch Deutsch kann.

In den ersten Monaten nach ihrer Ankunft vermisste sie ständig die Tage in ihrer Heimat – jene Tage, an denen ihre Familie zusammenkam, miteinander sprach und lachte. Doch mit der Zeit gewöhnte sie sich an ihr neues Umfeld. Stück für Stück wurde sie mit diesem neuen Leben vertraut und schaffte es so, der Einsamkeit zu entfliehen.

Eines Tages sagte Halima zu ihrer Familie: „Gott sei Dank leben in Deutschland tausende Familien aus Afghanistan, der Ukraine, Syrien und anderen Teilen der Welt, die hier ein besseres Leben haben."

Als sie erkannte, dass dieses Land ihr Raum zum Atmen, Leben und Arbeiten gegeben hatte, fragte sie sich: Warum sollte sie es nicht ihr zweites Zuhause nennen? Tag für Tag lernten Halima und ihre Familie mehr über die Menschen um sie herum und von deren Erfahrungen.
Immer wieder ermutigte sie ihre Kinder, Deutsch zu lernen und zur Schule zu gehen. Bildung ist für sie genauso wichtig wie Brot und Wasser. Eines Tages sagte sie zu ihren Kindern: „Es ist so traurig, dass die Mädchen in Afghanistan, obwohl sie lernen wollen, nicht zur Schule gehen dürfen."

Das Leben ist ein Lehrer, der uns zeigt, wie wir besser auf dieser Erde leben können. Dieser Lehrer hat selbst eine Großmutter, die außer den Buchstaben kaum etwas über das Lesen und Schreiben wusste, dazu gebracht, sich mit Papier und Stift anzufreunden. Trotz der schweren Aufgaben einer Hausfrau, Kochen, Putzen und Waschen, unterstützt sie ihren Mann und ihre Familie mit ganzer Kraft.

Trotzdem wanderten Halimas Gedanken ständig in die Ferne. „Was machen wohl die Familien von Sultan, Sarwar, Sulaiman, Fariba, Fatimas Vater und Tante Marzieh? Wie kommen sie zurecht mit der Arbeitslosigkeit, den Mieten und Stromrechnungen und all den anderen Herausforderungen des Lebens?" Plötzlich wurde sie aus ihren Gedanken gerissen. Elham und Ashkan hatten einen Streit begonnen. Ursache war ein Spielzeugauto, ein kleiner VW. Halima ließ alles stehen und liegen, trennte die beiden Kinder und sorgte schnell für Frieden. Danach blieb sie regungslos stehen und starrte in die Ferne, als ob sie tief in Gedanken versunken wäre. Was ging ihr durch den Kopf?

Oh, mein Gott, schau! Sie hebt die Hände zum Himmel und beginnt leise zu beten: „Herr, lass den Krieg nicht noch mehr Menschen vertreiben. Lass keine Kugel mehr Herzen durchbohren, keine Mutter, weder hier noch anderswo, um ihr Kind weinen müssen."

„Mutter, Mutter, wo bist du? Warum höre ich dich nicht? Bist du wieder im Ozean der Liebe unseres Vaters versunken?" Die Stimme gehörte Mirwais, ihrem ältesten Sohn. Er riss sie aus ihren Gedanken. Im nächsten Moment brachen alle in Gelächter aus, und die Stimmung wurde fröhlicher.
Doch die Zeit bleibt nicht stehen: Tick, tick, tick. Die Schritte der Fremde hallten wider.

Abdul Zahir Eztarabi,
Jahrgang 1959 wurde in Afghanistan geboren. 1977
bis 1995 diente er als Offizier in der afghanischen
Armee, bevor er freiwillig in Ruhestand ging. Seine
Leidenschaft für Literatur brachte ihn dazu, für
Militärpublikationen zu schreiben. Von ihm wurden
Hunderte von Artikeln, Gedichten in freier Form,
Kurzgeschichten und Analysen zu sozialen, politischen
und wirtschaftlichen Themen veröffentlicht. Ab 2004
war er u.a. für das Institute for War & Peace Repor-
ting (IWPR) und das Center for International
Journalism (CIJ) tätig. Seit 2001 spielte er eine
Schlüsselrolle beim Aufbau freier Medien und der
Ausbildung hunderter junger Journalistinnen und
Journalisten im ganzen Land. Nach dem Sturz der
afghanischen Republik emigrierte er 2022 nach
Deutschland und lebt seitdem in Berlin. Er ist
verheiratet und hat fünf Kinder.

Hasan Ze Alnoon
Thaer Ayoub
Maryam Sarshar

Gedicht

Hasan Ze Alnoon

Berlin – Exil und Heimat

(1)
Vielleicht weil ich ein lyrischer Brandstifter war,
von dessen Bleistift Worte wie Granaten regnen,
oder weil ich in einer Salzburger Bar
eine Gedichtzeile wie Sprengstoff schrieb,
oder weil die Musik am Stephansplatz zu leicht war,
um meine Trauer, meine Verswunden und Wortschreie zu tragen,
entschieden sie, mich wieder fortzuschicken.

(2)
Als sie mir befahlen, Wien Richtung Berlin zu verlassen,
ahnte ich nicht, dass auf den Autobahnen
Reime, Zeilen und Gedichte auf mich warten,
um mich willkommen zu heißen.
Ich wusste damals nicht,
dass die Poesie Berlins eine eigene Welt hat,
mit einer eigenen Verfassung und einem eigenen Parlament.
Meine Tasche trug die Wunden unserer langen Reise.
Ich nahm mich zusammen, meine Tränen, meine Verse,
betrat die Stadt und meine Augen suchten Damaskus.
Ich zog als verirrte Wolke über den Himmel,
und es regnete Liebe, Poesie und Tränen über Berlin.

(3)
Berlin, ich kam zu Dir aus dem Land der Gefängnisse,
auf der Suche nach einer Heimat,
an deren Schulter meine Gedichte Halt finden,
die Reimen und Wörtern Leben einhaucht.
Bei Dir will ich schreiben in allen Sprachen, die Seiten füllen,
und in Deinen Cafés laut mit meinen Buchstaben diskutieren.

(4)
Umarme mich, Berlin!
Zwischen Deinen Stationen will ich fahren,
ohne jemals am Ziel anzukommen.
Als Geflüchteter war ich der Kriege müde
und unter Pferdehufen zertrampelt.
Lass mich kein Ausgestoßener mehr sein,
wie in Damaskus oder Istanbul.
Umarme mich, Berlin,
wie die Poesie meine Gefühle.

(5)
Entferne mich, Berlin!
Von den Gerüchen meiner Heimat,
die sie wie eine Torte teilten.
Entferne mich von ihrem Himmel, Sternen, Wolken, Meer,
von allem, was einmal mein Leben war.
Entferne mich von ihren Nachrichten,
den Blättern ihrer Zeitungen,
den Ungeheuern des Krieges und des Todes

Entferne mich von den Erinnerungen
an Fesseln, Peitschenhiebe, Folter,
an ihre Stimmen, Dialekte und Drohungen.

(6)

Verstecke mich, Berlin!

Wie einen Bach zwischen Deinen zwei Flüssen.

Pflanze mich im Tiergarten wie einen Baum zwischen Deinen Bäumen ein.

Verstecke mich wie einen Stein zwischen den Trümmern Deiner Mauer.

Lass meine Verzweiflung aus Deinen Wolken regnen und versiegen.

Lösche meinen Namen aus den Flüchtlingsregistern

und von den Opferlisten der Meere.

(7)

Verstecke mich, Berlin!

Zwischen Deinen Lippen wie einen Kuss,

hinter Deiner Stirn wie ein Gedicht.

Verstecke mich am Checkpoint Charlie

wie die Flüchtlinge, die aus dem Osten in den Westen kamen.

Schreibe ein neues Kapitel Deiner Geschichte

über Flüchtlinge, die aus Damaskus kamen.

Ich bin den Kerkern des Todes entkommen,

habe die Massaker überlebt.

Ich bin der letzte Dichter,

der die Sprache der Gummigeschosse versteht,

und der Schlaf finden kann in Gärten, auf Bürgersteigen und Minenfeldern.

(8)

Lerne mein Alphabet, Berlin!

Und trage es weiter,

Wie töricht ist Freiheit, die das Recht der freien Rede beschränkt.

Und wie stark ist die Revolution, die auf den Straßen und in Zelten geführt wird –

wo die Poesie Verfassung ist, Gesetz und Verpflichtung zugleich.

(9)
Nimm mich auf Deine Flügel, Berlin!
Trage mich weit fort,
von den dunklen Zelten, den Spitzeln,
fort von allen Augen.
Flieg mit mir ins Exil,
Flieg mit mir in den Tod.
Nur schick mich nicht zurück,
in die Zeit der Geheimdienste, der zerschmetterten Knochen, der Finsternis.

(10)
Ich kam zu Dir Berlin,
auf der Suche nach einem Bett,
nach einem Blatt, auf dem ich schreiben und das meine Worte tragen kann,
nach einem Himmel, der sich zu den Schwärmen meiner Gedichte,
Wolkenherden, Blitz und Donner erweitert,
nach einem Stift, mit dem ich schreiben kann,
ohne Worte zu streichen, ohne Fesseln.

Ich kam zu Dir Berlin,
auf der Suche nach einer Heimat,
in der ich ein Fisch unter Fischen bin,
mit demselben Recht zu leben und zu sterben.
Ein Spatz an Deinem Himmel,
Deinen Wind unter den Flügeln,
der mich trägt und der mich atmen lässt.
In der ich – reich an Würde und an Tränen –
keine Nummer mehr bin.

(11)

Ich klopfte bei Dir an, Berlin!
Als sie die Türen von Damaskus,
hinter und vor mir verschlossen.
Ich betrat Deine alten müden Wege,
suchte mein besetztes Haus in Damaskus.
Ich klopfte an jede Tür im Prenzlauer Berg,
und hoffte, meine Mutter tritt aus einer Tür,
um mich hineinzulassen.

(12)

Verstecke mich, Berlin!
Als Kellner im Jugendstil-Café am Hackeschen Markt,
serviere ich den Kaffee dem Gedicht vor dem Dichter.
In den Blumenläden, die die Straßen und Stationen füllen,
Mach mich zu einer roten Rose in den Händen eines Bettlers.
Ich friere und ich bin zerstreut.
Sammle mich auf, Berlin!
Und lass mich auf den Vagabunden in uralten Kreuzberger Kneipen
anstoßen.

(13)

Regne auf mich, Berlin!
Reinige mich vom Blut, das ich nicht vergossen habe,
von Worten, die ich nicht geschrieben habe,
von Kleidung, die ich nicht getragen habe,
von Visa-Stempeln der Länder, in die ich nicht gereist bin.

(14)
Berlin, Du bist für mich die Endstation!
Für Dich verzichte ich auf alle Städte der Poesie,
auf alle weiteren Stationen der Diaspora.

Ich war gebrochen, Identität und Adresse flüchtig.
Nun stehe ich aufrecht auf den Fundamenten der Mauer,
erhebe eine zerrissene Fahne für Poesie und Freiheit.
Trinke meinen Kaffee zwischen all den Erinnerungen.
Und ich spüre das Echo meines Seins am Grund eines poetischen Vulkans,
der noch nicht ausgebrochen ist.

Aus dem Arabischen von Rachel Clarke und Claudia Hering

Hazan Ze Alnoon,
Jahrgang 1986, wurde in Damaskus geboren. Er studierte
Jura und beteiligte sich 2011 an der friedlichen Revolution.
Er wurde verhaftet und konnte 2015 nach Deutschland
fliehen. Seitdem ist Berlin seine dauerhafte Wahlheimat. Er
ist Dichter und verbindet in seiner Lyrik zwei widersprüch-
liche Seiten – eine politische und eine romantische. Seine
Gedichte thematisieren Politik, Krieg und die Zerstörung
Syriens, aber auch die Sehnsucht nach Freiheit und die Liebe.
Er ist in zahlreichen Theatern aufgetreten, schreibt für
deutsch- und arabischsprachige Magazine und stellt derzeit
seinen ersten Gedichtband fertig.

Thaer Ayoub

Nabelschnur

Hier ist kein Ort.
Hier ist ein Raum.
Hier ist kein Gegenteil von Dort.
Hier ist ein Traum,
in dem sich die Frage „Wer bin ich"
in die Frage „Was ich bin"
erfolgreich verwandelt,
damit ich mich zwischenheimaten kann
in einem Hier,
das weder dieses noch jenes ist,
einem Hier, das meinem Ich ähnelt.

Syrien ist kein Dort.
Deutschland ist kein Hier.
Aleppo und Berlin aber
sind keine Städte,
sondern die Fortsetzungen
meiner Zeit,
in der mein Ich
wie ein Licht kommt
aus der Richtung der Freiheit
von allem Tradierten,
damit ich mich beheimaten kann
in einem Hier, das groß genug ist
für alle Flüsse, die aus meinem Mir kommen.
Nein ... die zwei Sprachen
konfliktieren in meinem Mir nicht,
sondern üben Liebe miteinander aus,
so dass mein Neologismus
ins Leben kommt,

damit ich mich verheimaten kann
in einem Hier,
für das ich eine passende Sprache
finde oder erfinde,
in einem Hier,
in dem ich bin,
anwesend und abwesend gleichzeitig,
im Gedächtnis und in Vergessenheit,
in einem Hier, in dem ich nicht
über irgendein göttliches Mysterium philosophieren muss
oder irgendein Rätsel in der Sprache lösen soll,
sondern ich fliehe vor meinem Arabisch
zu meinem Deutsch,
um das Heiligtum zu brechen,
danach verlasse ich mein Deutsch
zu meinem Arabisch,
um das Verunreinigte zu läutern.
Deutschland wurde für mich nicht
zu einer Heimat, weil ich
auf Arabisch fühle.
Syrien wurde für mich keine Heimat mehr,
weil ich auf Deutsch denke.
Die Sprache des Schreibens aber
sind arabische Gefühle,
die auf deutsche Bilder übertagen sind.
In diesen Bildern will ich mich heimaten
in einem Hier,
in dem die Gefühle und die Gedanken
nichts Anderes können, außer,
einander zu ergänzen.

Zwischenheimaten … beheimaten … verheimaten …
heimaten?
Arabisch? Deutsch?
Ich bin weder „Entweder oder"
noch „Sowohl als auch".
Ich bin ein „Weder noch".
Ich stehe darüber und so kann ich mich endlich
in einem Hier entheimaten,
in dem ich über allem stehe
als Mensch,
nur als Mensch.

Thaer Ayoub,
Jahrgang 1989, wurde in Syrien geboren.
Als Aktivist, Poet und Künstler engagiert er sich
für Freiheit, Solidarität und Menschenrechte.

Er selbst schreibt über sich:

Aus dem Osten der Welt kam ich. Jahrelang wohnte ich in Chemnitz, in Ostdeutschland.
Seit ein paar Jahren wohne ich in Hellersdorf, in Ostberlin. Ich bin ein reiner Ossi.

Dazu kann ich sagen, also ich bin deutschisiert:
Ich bin ständig am Meckern, über die DB, über das laute Telefonieren in der U-Bahn, über Politik sowieso, über Digga-und-Alda-Jungs-und-Mädels, die in Gruppen unterwegs sind und laut reden über Sachen, über die man gar nichts hören will, über die lange Schlange im Supermarkt, über den Alexanderplatz, über die Verteuerung, etc.

Ich bin sofort schlecht gelaunt, wenn das Wetter grau ist.
Irgendein ABER finde ich immer.

Sonntag ist ein heiliger Tag, an dem die Ruhe herrschen soll und wenn mein deutscher Nachbar laute Musik macht, bekomme ich ein Verantwortungsgefühl, dass ich die Polizei anrufen soll.

Ich behaupte, dass ich die Deutschen verstehe. Ich war zum Beispiel einmal unterwegs mit einem arabischen Freund und einem deutschen Freund. An dem Tag waren die Menschen irgendwie sehr genervt und aggressiv. Der Araber fragte den Deutschen „Warum seid ihr Deutschen immer so unfröhlich?" Ich antwortete automatisch, „Ein Volk, das so viele Philosophen in die Welt gebracht hat, kann auf keinen Fall fröhlich sein." Der deutsche Freund sagte mir, „Du hast uns verstanden!"

Ein arabischer Teil hat sich in mir noch nicht deutschisiert. Es ist der Teil, der das Verb „müssen" nicht benutzt. Ich verwende lieber andere Modalverben wie „sollen, dürfen, können und oft wollen".
Das Verb „müssen" soll, kann, darf und will nicht ein Teil von meinem Deutschsein sein.

Also
ich bin
deutschisiert
und werde
mich hier heimaten.

Maryam Sarshar

Bastani

Der Trost der Tuberose

Manchmal muss man fliehen
vor dieser fremden Welt,
die längst nicht mehr ist,
wie sie einst war.

Zum unruhigen Meer des Südens,
zu den Tuberosen im Garten,
vielleicht auch in ein Kloster,
oder in den schuldlosen Schoß einer Frau in Jerusalem,
die die Liebe wahrhaft verstand.

Das Meer hält stand,
aber ich nicht!

Die Gassen meiner Jugend

Wo sind die Gassen meiner Jugend?
Die Gassen, wo Bäche sangen,
verschlungen und geheimnisvoll.
Wo sind die Marmorfelsen geblieben,
auf denen der Staub der Kriege
ein Zuhause fand?
Aschfahl, verloren.

Was wurde aus unserer Jugendliebe?
Das alte Haus,
unsere Zuflucht in Schutzlosigkeit,
so voller Leben, so warm.

Das Heulen von Tränengas
und der Rauch von Zigaretten,
die in meine Augen geblasen wurden
Sie nahmen dich mir aus den Augen.

Die alten Häuser sind verschwunden.
Heute füllen sie Fremde,
kalt und gleichgültig.
Und ich erkenne dich nicht mehr.

Das Manuskript

Mutter ruft jeden Tag an
Sie will mir meine Bücher per Post schicken
Post?
Selbst sie hat sich von uns entfernt.

Das Paket kam dreimal zurück
Zuerst war sie fort,
dann ging auch ich.
Das Paket zerriss,
und die Pistazien fielen zu Boden.
Nicht einmal eine Rolle feinster Seide
kann sie ersetzen,
wenn deine Manuskripte verbrannt wurden.

Wiederholung, das Meer und Nowruz

Ich kam.
Mit meinen Stiften kam ich,
an einem Frühlingstag.
Mit einem Koffer voller Linsen, Reis und Ingwer,
mit einem Buch und einer kleinen Packung Bahman* kam ich.

Das östliche Fenster

Man sagt, Fenster nach Osten fangen das romantische Licht des Morgens ein.
Wie lange ist es her?
Eine Woche? Ein Monat?
Deine Abwesenheit mag mich nicht brechen
doch der Schlaf kommt nur mit Tabletten.
Ich schlafe bis weit in den Mittag hinein,
und könnte ich, würde ich noch länger schlafen.
Heute sah ich zum ersten Mal den Sonnenaufgang
durch das östliche Fenster.
Er war nicht so romantisch, wie man sagt,
doch da war ein Himmel
ein Baum
und vielleicht ein Vogel
der auf einem Zweig ruhte.

In einem Traum, den der leere Friedhof webt,
liegst du bewegungslos
auf leuchtenden Rechtecken.
Ich zittere bei jedem Schritt eines Vorübergehenden,
deren monotone Bewegungen
zwischen den Linien kriechen.

Du kniest auf einem Grab
drückst dein Gesicht in die Erde.
Die Blumen zerfielen, eine nach der anderen.

Unsere heilige Ruine trug einen Spiegel
zwischen den Gräbern.
Mit deinen Händen grubst du einen Bach
und Wasser begann zu fließen.
Der Morgen kam
doch als ich dich suchte
warst du nicht mehr dort.
Vielleicht warst du schon immer unsichtbar.

Am östlichen Meer

Nun stehst du hier,
unter demselben Himmel
und am selben Wasser.
Du kannst sagen:
Die Natur gehört auch dir!

Ich kann meine Hosenbeine hochkrempeln
und ins Wasser rennen.
Oder mich auf den heißen, weißen Sand legen
und zusehen,
wie meine Haut langsam rot wird.

Letzter Flug

Was ich hinter mir ließ,
war der Blumenstrauß, der mich verabschiedete.
Das Wasser, das du hinter mir ausgegossen hast,
ist noch nicht getrocknet.

In meinen nächtlichen Träumen
verpasse ich immer den Flug.
Immer wieder biegt Papa falsch ab,
und immer wieder kommen wir zu spät.

Ach, wärst du doch zurückgekehrt
um deinen Strauß mitzunehmen!
Doch du wirst nie wieder nach Hause kommen.
Man hat dir die Flügel gestutzt.

Du flogst davon.
Und ich blieb zurück,
wie eine leere Flasche,
zusammengekauert und verlassen auf der Gasse.

Er sog,
doch blieb leer.
Aus seinem Mund tropfte Rot.
Wie sollen dreißig Jahre Leben
in einen einzigen Koffer passen?

*Bahman ist eine preisgünstige iranische Zigaretten-
marke, die für ihren unverwechselbaren Geschmack
und Geruch bekannt ist. Sie gilt als eine ikonische
Wahl vieler iranischer Intellektueller und Künstler und
hat einen besonderen Platz in der kulturellen
Geschichte des Landes.

Maryam Sarshar,
Jahrgang 1982, wurde im Iran geboren und lebt in
Berlin. Sie schreibt und malt in ihrer Freizeit.

Die Preisträgerinnen und Preisträger

Jugendliche
1. Preis: Mohamad Ahmed: Ist Heimat ein Ort oder ein Gefühl?
2. Preis: Rana Faizi: Zadgah – Der Ort, an dem sich mein Herz befindet
3. Preis: Sofiia Myschko: Erinnerung an den Krieg

Amateure
1. Preis: Liza Bekhalo: Mein Platz in der Welt
2. Preis: B.M. Ngare: Der Fall
3. Preis: Ahmed Al Mohammed: Nada

Profis
1. Preis: Okseniya Burlaka: Getrenntes Zimmer
2. Preis: Meral Şimşek: Der Schatten
3. Preis: Mehran Behrouzfaghani: Ein Konzert

Sonderpreis Gedicht
Hasan Ze Alnoon: Berlin – Exil und Heimat

Danksagung

Als das LAF im Frühjahr 2024 eine private Spende aus einer Erbschaft erhielt, verbunden mit dem Auftrag, damit „etwas für Flüchtlinge" zu tun, konnte niemand ahnen, welche Dynamik sich daraus entwickeln würde. Die Idee eines Schreibwettbewerbs zum Thema Heimat wurde entwickelt und fand viel Anklang, doch ohne die Hilfe und Unterstützung von vielen Menschen aus den unterschiedlichsten Bereichen hätten wir dieses komplexe Projekt nicht ins Leben bringen können. Zunächst gilt unser Dank der türkischen Journalistin und Autorin Ece Temelkuran, deren Anfrage in der Pressestelle, mit Geflüchteten über Heimat sprechen zu wollen, den ersten Stein ins Rollen brachte. Richtig ins Laufen kam das Ganze, als Ursula Breidbach vom Willkommensbündnis Steglitz-Zehlendorf zu uns stieß. Ohne ihre Erfahrung als Jurorin und Autorin, ihren fachkundigen Rat und ihr unglaubliches Netzwerk hätten wir dieses Vorhaben niemals umsetzen können. Danke, Ursula!

Wir danken unseren muttersprachlichen Sichterinnen und Sichtern, die die Einsendungen auf Arabisch, Farsi, Dari, Türkisch, Kurdisch, Russisch und Ukrainisch zuerst gelesen und bewertet haben: Kefah Alideeb, Reyhan Reyhani, Zehra Günes, Maksim Alissa, Roman Koch und Lena Preuss. Lena hat zudem wunderbare Übersetzungen aus dem Ukrainischen und Russischen aus dem Ärmel geschüttelt. Danke dafür!
Wir danken Birgit Schmitz von PEN Berlin für die fachkundige Beratung rund um Fragen der Veröffentlichung und für die Vernetzung mit dem Poetry Project.

Wir danken unseren Dozentinnen und Dozenten für kreatives Schreiben, die im Rahmen des Wettbewerbs mit viel Improvisationstalent Schreibkurse für Geflüchtete in und außerhalb von Unterkünften durchgeführt haben: Christoph Baer, Selin Kavak, Michelle Standley und Bassam Dawood. Zusätzlicher Dank geht an Joanna Lundt und Tamer Subasi für ihre Hilfe bei der Umsetzung der Workshops. Tamer gilt ein Extra-Dank für das Beheben von Übersetzungspannen. Dank geht auch an Viktoria Gabrysch und das ganze Team von Tamaja für die Begeisterungsfähigkeit und Offenheit für das Projekt.
Wir danken unserer Jury Ece Temelkuran, Ursula Breidbach und Adam Reichert für die schwierige Aufgabe, aus den vielen guten Texten diejenigen auszuwählen, die einen Preis verdienen.
Last but not least danken wir den 107 Teilnehmerinnen und Teilnehmern des Wettbewerbs, die den Mut hatten, ihre Geschichten zu erzählen und sie uns anzuvertrauen. Vielleicht hat der Wettbewerb bei ihnen etwas in Gang gesetzt, das in Zukunft weitergeht.
Und schließlich danken wir Barbara Schulze, die uns in ihrem Testament bedacht und dieses Projekt erst ermöglicht hat.

Zeitfracht Medien GmbH
Ferdinand-Jühlke-Straße 7
99095 Erfurt, Deutschland
produktsicherheit@kolibri360.de